−30kgの減量に成功した医師が教える

医学的に正しいダイエット

医学博士
宮田充樹
Mitsuki Miyata

現代書林

はじめに

いきなりですが、あなたは今までに、

「痩せる」

「中性脂肪を下げる」

「血圧を安定させる」

というような宣伝文句の商品に、ダマされたことはありませんか？

たとえば、トクホ（特定保健用食品）のマークが付いた、割高で、わざとらしく苦いお茶を飲んで、体重が減りましたか？

コピーには「有効成分が確認された」とあるし、トクホは、国の行政機関である消費者庁が「科学的に有効性、安全性が示された」と太鼓判を押したもの。

なのに、ほとんどの場合、結果はこうなります。

「まったく、体重は減らなかった」

「中性脂肪もコレステロールも高いまま」

「血圧は上がったり下がったり」

病院で処方された薬を服用すれば、99%数字は改善します。機能性表示食品やトクホと、どこが違うのでしょう。

その答えは、エビデンスにあります。

医学の場合、エビデンスは、

「どの程度の効果で病気を治したか」

「どの程度の確率で病気を防いだか」

という研究結果のことです。

「ある薬を服用したら、プラセボ（偽薬）と比べて、統計的に高い確率で体重が減少した」

これなら立派なエビデンスで、信用できます。

しかし機能性表示食品やトクホの大多数は、そこまで手間と費用のかかる研究をしていません。数々のサプリや食品抽出物も同様です。

「血管を拡げる効果を持つ成分が含まれるので、血圧を下げると期待される」

「この成分をネズミに投与したら、体重の増加が抑えられた。だから人間にも効くのでは」

この程度のものでしかなく、エビデンス・レベルとしては「治療としてすすめられない」範疇に含まれてしまうのです。

本書の目的は、**高いエビデンス・レベルのダイエットを明らかにして、治療（体重減少）に役立てていただきたい**、というものです。

あわせて「根拠が弱いダイエット」や「健康を損ねる可能性があるダイエット」などにも触れていますので、あらたなダイエット開始前の、ナビ的なツールとしてご利用いただくのもおすすめです。

本書の構成は以下のとおりです。

第1章では、私の30kgダイエットの一部始終を書かせていただきました。恥ずかしながら何枚かの写真も提示してあります。あらためて眺めてみて、自分でもその変わりようにビックリ。皆様のダイエットの参考となれば幸いです。ともかくダイエットを実践したい、という方は、飛ばして第2章からお読みください。

第2章、第3章、第4章では、数々のダイエット法のエビデンスを解説しています。論文のエビデンスを検討し、各ダイエット法を5種類にランク分けしました。

最高位のgrade Aのダイエット法でも、体質によっては合わなかったり、体重の減りが悪かったりする場合もありますが、めげずにいろいろな方法を試してみましょう。

第5章では、診察、講演会、健康相談などで、私が実際に患者さんからいただいた質問と、その答えをまとめてみました。

医者からすれば「それ、常識なんですけど」といった基本的なものから、「ちょっと調べてから、お答えします」と難しめのものまで、内容はさまざま。読者の皆様にも頭に入れておいていただきたい内容を選びました。

第6章は、私が院長を務める宮田医院のダイエット外来を紹介します。

現代医学でも、すべての患者さんを治せるわけではないのと同様、受診された患者さん全員が目標体重まで減量できたわけではありません。しかし5％減量成功率81％という数字は、高いエビデンスを持つ方法を重視した結果であると自負しております。

当院のお近くの方は、ご来院お待ちしています。

「これだけ食べれば、楽々痩せられる」

「努力せずに、極細ウエストを手に入れる」

こういう虫のいいフレーズは、本書には登場しません。

でも、実践すれば高い確率で体重を落とすことができる方法が、いくつも詰まっています。本書を有効に活用し、ダイエットに成功して、新しい自分になれるよう、心よりお祈りしています。

令和元年9月

医学博士　宮田充樹

ダイエットのエビデンス判定

根拠となった論文は、本文中に⑴のように数字で示し、各章の最後に、参考文献一覧としてまとめてあります。学術書ではないので題名だけ示しますが、PMIDという7～8桁の数字も併記しておきました。これは医学論文のIDナンバーで、ヤフーやグーグルでも［PMID 12345678］のように検索すれば、著者名や要旨などを簡単に参照することができます（ただし英語です）。もう少し詳しく中身を知りたい、というような場合にご活用ください（PMIDは、日本語論文や一部の英語論文にはありません）。

論文のエビデンス・レベルから、各ダイエットを次の5種類にランクづけしました。

grade A　高いレベルのエビデンスがあり、強くすすめられる
grade B1　低いレベルのエビデンスしかないが、やってみてもよい
grade B2　有効であると専門家の合意があり、やってみてもよい
grade C　有効なエビデンスがなく、すすめられない
grade D　無効であるエビデンス、健康に悪いエビデンスがあり、避けるべき

このうち、grade A、B1、B2のダイエットを選んで実践していけば、高い確率で成功するはずです。

目次 —Contents—

第2章

食品・食事法のダイエットとエビデンス

第3章

薬・サプリメントのダイエットとエビデンス

第4章 運動・生活習慣・その他のダイエットとエビデンス

第5章

ダイエット外来の医師が答える「ダイエットQ&A」

※目次ではQを要約しています

第6章 宮田医院のダイエット外来

第1章

波乱万丈の30kgダイエット

デブ誕生

医学生時代、運動部に所属し、よく食べる割に「ややポッチャリ」だった私は、医師国家試験に向けて部活を引退しても、食事量を減らせませんでした。

試験の準備期間は、ただ座って机に向かっているだけなのに、ストレスもあってか、朝はコンビニのおにぎり3個とレジ横チキン、昼は外食でギョーザ、ラーメン、チャーハン、夜はテイクアウトの焼き肉弁当とシャケ弁、深夜1時にカップラーメンとクリームパン。

そんな乱れた食生活で、体重は自己最高へとみるみる駆け上っていきました。

試験も終わって、**体重計に乗ってみれば、身長172㎝にして体重91kgと、「ややポッチャリ」どころか「明らかに肥りすぎのデブ」**。部活現役時代に比べ10kg以上増えていました。

28歳、91kg。自分では豊満ボディーがセクシーと、ひそかな自慢でした

しかし昭和から平成に変わる頃、とくに男性は、肥っていることをそれほど苦にする風潮はなく、大学病院で研修医となった私は、「頼もしく見える」「貫禄がある」とおだてられ、ダイエットの「ダ」の字も、頭に浮かびませんでした。

深夜のラーメンや、昼のダブル炭水化物も相変わらず得意技で、職員食堂での「カツ丼＋天ぷら蕎麦」（ダブル炭水化物×ダブル揚げ物！）は、研修医仲間から「宮田定食」と呼ばれていたようです。

研修終了後、しばらく公立病院で修業し、平成7年から大学病院に戻って、消化器内科医として働き始めました。激務だったせいか体重は少しだけ減りましたが、それでも、まだまだ肥りすぎの88kg。

相変わらずよく食べよく飲み、独身不規則生活を謳歌していました。

ただ、この頃から肥満に対する逆風は一気に強くなり、糖尿病や心臓病を専門とする先輩医師たちからは、面と向かって注意（というか、ほぼ罵倒）されました。

「痩せないと、あっというまに狭心症、そのまま心筋梗塞になるぞ」

「これ以上インスリンは出せません、そういう膵臓の悲鳴が聞こえないのか」

「患者さんに、少し痩せたほうがよいですねと言えるのか、その腹で」

なじられても危機感は薄く、ダイエットはつらそうなので、踏み切れませんでした。

ダイエットを開始

平成10年、36歳で別の大学病院に移り、そこで出会った女性と、翌年に結婚しました。医学生時代からずっと独り暮らしだったので、ひさしぶりに、誰かと一緒に眠ることになりました。

同居3日目の朝。新婚旅行は後回しなので、2夜、私の眠る様子を見た妻が、青ざめた顔でこう切り出しました。

「あのね、夜、寝ているとき、あなた何度も息が止まってるよ」

37歳、結婚直前。目を細めて威嚇している……わけではなく、顔がむくんでいるだけです

「えっ……。それは睡眠時無呼吸症候群っていう病気だね。肥ってる人に多いんだ」

「人ごとみたいに。そんな病気が自分にあるなんて、知ってたの？」

「いや、初めて言われた」

「子どもも早く欲しいのに、死

んだりしないでしょうね」
「たぶん、命まではなくならないと思う」
「長いと3分くらい息をしていなくて、そのあと急に激しく吸ったり吐いたりするの」
「さ、3分も か……」

睡眠時無呼吸症候群は、文字どおり眠っている間に何度も呼吸が止まる病気。夜間の突然死の原因となったり、狭心症など心臓疾患を悪化させたりすることでも知られています。

患者の大多数は高度肥満者で、痩せた人はほとんどかかりません。

睡眠が浅くなり、昼間に眠くなるという特徴もあり、私が昼食後に感じていた異様な眠気も、このせいだと合点がいきました。

また、**妻には内緒にしていましたが、結婚する前から健康診断の報告書には「要医療」のマークが並んでいました。**

高血圧症、高コレステロール血症、痛風（高尿酸血症）に至っては、すでに服薬中。

妻には、塩分や肉を制限されたくないので、「ビタミンやミネラルのサプリを飲んでるんだ」と、薬を見られたときに、姑息な嘘までついていたのです。

血中酵素が高いと指摘された肝臓は、超音波で観察すると、びっしり入り込んだ脂肪でフォアグラ状態。重症の脂肪肝と自分で診断しました。


このままでは、本当に死んでしまうかもしれない。さすがに怖くなった37歳の私は、**妻の協力のもと、「普通の1人前しか食べないダイエット」を始めました。**

朝は、卵1個（目玉焼き）とご飯をお茶碗1杯、それに野菜や汁物。

昼は魚や焼き肉の定食をチョイス。当時の常識では、ダイエットの一番の敵は揚げ物とされていたので、トンカツや鶏唐揚は我慢しました。

夜は妻が野菜や魚を中心に、おかずを5～6品作ってくれ、晩酌のみで終了するよう心がけました。今でいう糖質制限で、それまでは、毎晩飲酒後に、茶漬けやカップ麺を流し込んでいたことを考えると、結構なカロリー減に。

ゆっくりではありましたが体重は減っていき、半年ほどで83kgまで低下（ウエストは88㎝）。しかしそこで停滞し、体重計の針は動かなくなりました。

腹八分目ダイエットをスタート

採血の結果や血圧は、薬のおかげもあって正常範囲にあと少しというところまできました。

まだまだ肥っている83kgから、さらなる体重減少をめざし、**次にやってみたのは、雑誌で読んだ「腹八分目ダイエット」。これは、すべての食事を、これまでの3分の2の量に減らすというシンプルな方法**です。

たまに食べすぎることもありましたが、根気よく継続。

体重は徐々に減り、39歳になってすぐに80kgを切りました。70kg台は医学生の頃から約15年ぶりのことです。

そのままこの方法を続け、**78kgで安定しました（ウエスト82㎝）。コレステロールや尿酸の値は正常範囲に収まり、協力を惜しまなかった妻も、満足げな笑みを浮かべました。**

しばらくの間、体重は安定していましたが、41歳のときに次男が誕生し、長男の世話もあって、妻は私のダイエットどころでなくなりました。

睡眠時無呼吸症候群が改善し、普通のイビキになったのも、妻の危機感を鈍らせたのでしょう。

晩のおかずはスーパーの惣菜や冷凍食品が増え、揚げ物やハンバーグも並ぶようになりました。

痛風発作

油断していたのは妻だけではありません。母をクモ膜下出血で亡くしている私は、その原因となった高血圧だけには敏感で、毎朝の測定と服薬はかかしませんでしたが、その他の薬は数字がよくなったこともあり、いつのまにか、やめてしまっていました。**体重測定もサボり、たまのことだからと、飲み会の帰りに濃厚トンコツラーメンを堪能する悪癖まで復活**してしまったのです。

そして忘れもしない冬の朝。右足の親指の付け根に**激烈な痛みが到来し、まだ外も暗い5時に目が覚めました。真っ赤に腫れ上がった足の関節……診断は一目瞭然、「痛風発作」**。

血液中の尿酸値が高い状態が続くと、関節内に尿酸結晶が出現し、ひどい関節炎を起こすのです。

松葉杖がなければ歩けないし、あまりに痛くて車のアクセルやブレーキも踏めないので、車も運転できません。

炎症が治まるまでの1週間、妻に大学病院まで車で送ってもらい、玄関ホールで車椅子に乗り換え、部下に押してもらいました。

彼らはおもしろがって、「宮田さん大丈夫です、気を強く持って」とか「アルコール依存の患者です、通路あけてください」と叫びながら、疾走してくれました。

「痩せて、いい気になって、深夜ラーメンしたし、体重測ってなかったし、生活乱れて迷惑かけてゴメン」

妻に謝り、反省して乗った体重計。次男が生まれて半年で81kgまでリバウンドしていました。採血でも、尿酸やコレステロールの値は、惨憺たる有り様。

痛い目に遭った私は、「腹八分目ダイエット」と、中止していた薬の服用を粛々と再開しました。

母の想い出

また半年で、体重は78kgまで戻り、採血結果もすべてよくなりましたが、ひょんなことから、新たな思いが湧き上がってきました。

「人生で一度くらいは痩せた人になってみたい」

きっかけは、実家のアルバムを整理していて、私が中学生の頃の、母の写真を見つけたことでした。

遠い記憶ですが、ビスケットとスキムミルクのみの食事を短期間続けるというダイエットに挑戦した母は、成功して、かなりほっそりした時期があったのです。

写真は、まさにその頃のもので、そのときの母は学生時代のようなプロポーションでした。

幼少期から、見た目も性格も母にそっくり、と言われ続けていた私です。母にできたのなら自分にもできるのでは。そう考え、実家の母の遺品がまとめてある部屋を探してみると、すぐに目的の本がみつかりました。

ＫＫベストセラーズ、中村鉱一著『やせて背がのびる―母と子のカロリーブック』（以下中村式）。裏表紙で「百万部突破のシリーズ」と誇っているその一冊を、ざっと読んでみました。

1つのコースが10日間で、

①3食とも糖質（主食）は低カロリービスケットだけにする

②おかずは徐々に減らし、４日間なしにして、またたんだん、戻していく

③おかずがないときは、毎食、脱脂乳（スキムミルク）を飲む

という方法でした。

この方法は第２章で解説している、「超低カロリー食ダイエット（ＶＬＣＤ）」と似

表1

Day	1	2	3	4·5·6·7				8·9·10		
食事法	おかずは今までどおり、ビスケット毎食2枚	おかず初日の7割、ビスケット毎食1枚	おかず初日の5割、ビスケット毎食1枚	おかずなし、毎食ビスケット1枚とスキムミルク				毎食ビスケット1〜2枚へ、おかずも戻していく		
体重(kg)	78.1	77.6	77.9	76.7	77.1	75.8	75.1	74.7	74.3	74.5
体脂肪率(%)	31.5	32.5	32.0	31.0	32.5	32.0	31.5	31.0	30.5	31.0

ています。知識がある今なら、タンパク質の量が足りないので、卵や鶏肉を加える、という知恵が浮かびますが、当時は、このままで挑戦開始。

効果は絶大でした。

最初の3日間、おかずを減らしていった段階では、まだ体重は変わりません。ビスケットとスキムミルクだけになって3日目、開始から6日目あたりからはっきりと痩せだし、おかずを戻していく頃には**約4kgの減量に成功していたのです。**

ただ、気になったのは、新調した体重計で測れるようになった体脂肪率は落ちていなかったことでした（**表1**）。

計算してみると、体脂肪（体重×体脂肪率）は24・6kgから23・1kgと1・5kg落ちています。

対して脂肪以外を表す除脂肪体重（体重−体脂肪）は、

53・5kgから51・4kgと2・1kgの低下。

除脂肪体重のうち短期間に増減するのは筋肉だけですから、脂肪よりも筋肉の低下量が多かったことになります。**痩せるのはよいが、脂肪が多く燃えなければ健康的なダイエットとはいえません。**

実際の中村式には、ビネラックプロテインやハイレモンテというものを、空腹時に食べるよう指示がありますが、なにせ出版された昭和53年頃の商品なので、調べてもよくわかりませんでした。名前からするとタンパク質やビタミンを含むものなのでしょう。

2か月ほどして、もう一度このコースにチャレンジしたときは、スポーツ用品店で買ってきたビタミンのサプリと、袋入りのホエイプロテインを摂取してみました。

結果は前回と似たりよったりで、体重は71kgになりましたが、体脂肪率は30％前後のまま（ウエスト77㎝）。1kg入りのホエイプロテインは、最初の1さじで、おなかがギュルギュルと鳴りだし、5分でひどい下痢になってしまいました。

子どもの頃から、牛乳でお腹を壊したことは何度もありましたが、乳タンパクがアレルゲンだったことが明らかになったのです。

中村式は、合計で7kg減量できましたが、体脂肪率の落ちが芳しくなく、ここで終了。いわゆるプロテインサプリには、その後いっさい手を出していません。

「ハゲもやし」

43歳のとき、息子2人が少し遠い幼稚園に通うことになり、妻はそのそばにマンションを借りて、平日は別居の生活が始まりました。

妻子は日曜日の夕方にマンションに向かい、金曜日の夜に自宅に帰宅するというスケジュール。食事は、日曜に2~3日分の夕飯を作って冷蔵庫に入れておいてくれ、あとは外食なり、コンビニに寄るなり好きにしろ、というシステムに。

以前の私なら、一人暮らしに戻り、好き勝手な生活をエンジョイしていたでしょう。しかし約70kgになれた達成感はとても大きく、「もう肥らないぞ」という思いが、常に頭を占めるようになっていました。

また、中村式ダイエットが、もたらしてくれたのは、体重減少だけではありません。空腹に慣れること、これがもう一つのプレゼントだったのです。

肥っていた頃は、昼や夜の食事時間になると、ちょうど空腹感も強くなってきて、それを埋めるため、懸命に食べていました。

満腹になるまで、ともかく詰め込んで詰め込んで、というスタイルです。

ところが中村式では、少量しか食べないため、常に空腹感があるのが当たり前。食事が終わってすぐに空腹を感じても、なんなら食事を抜いて水分補給だけでも平気になっていたのです。

「腹八分目ダイエット」の食事量でさえ、多く感じられることが増えました。

そこで考えたのが、**「冷蔵庫にある2〜3日分の夕食で、日曜の夜から金曜日の朝まで過ごすダイエット」**。

おかずを小分けに消費して、ご飯はレンジで温める少なめのタイプを、朝だけ100g食べました。

昼は大学病院の職員食堂で、蕎麦かうどん1杯。

夜はアルコールとおかずのみ。

計算してみると、1日あたりの摂取エネルギーは800〜900kcalで（アルコールは含まない）、痩せて当然の少なさ。

別居し始めた頃は、大学病院の仕事に加え、父の老齢化から宮田医院の仕事も手伝っていて、かなり忙しかったのですが、淡々とダイエットを継続。

おかずが足りなくなってくると、のりや佃煮、漬け物など、塩気があってカロリーが低そうなものをコンビニで買ってきました。

毎月1〜1・5kgずつコンスタントに減っていき、1年と少し経った44歳の誕生日には58kgに。

「ハゲもやし」だった頃。息子たちは、私が風で吹き飛ばされないよう、手をつないでくれています

「ヤッター、とうとう痩せた人になれたぞ」。心は達成感に満ちあふれました。

私は7月生まれなので、誕生日の当日は、夏休みで帰省していた息子たちに、クレヨンで描いた絵をプレゼントされました。そして、その絵に添えられていた言葉に、衝撃を受けたのです。

『ハゲもやしさん、お誕生日おめでとう！』

頭頂部が薄さを増し、カラダがひょろひょろに細くなったことから、息子たちが私に「ハゲもやし」というあだ名をつけたと、妻が笑いながら教えて

44歳の老けた私です。父ではありません

くれました。ついでに、妻の両親から、「ムコ殿は最近痩せすぎて貧相だ」。そう忠告を受けた、とも。

第2章で解説している、やってはいけないダイエットの筆頭格が「断食」。タンパク質が足らないダイエットは、これと同じ結果になって、筋肉から落ちてしまいます。

今ならわかりますが、体重が減っている最中は、調子に乗っていて気づきませんでした。**身長は少し縮んで171㎝で体重58kg、ウエストは69㎝までしぼんでいましたが、体脂肪率は22～24%で、決して低くはない値。**

脂肪よりも筋肉が落ちてしまい、胃を切った高齢者のような体型になってしまっていたのです。

頭頂部の毛髪減少も、老化というよりタンパク質不足によるものだと、毛髪量が戻った今なら理解できます。

その夜、風呂の鏡に映った自分をじっくり眺めました……。

たしかに、**へなちょこっぽくて、全然カッコよくない。ハゲもやしになるために、ダイエットしたんじゃねーぞ。**

日本肥満学会に入会

原因を探るべく医学書をひもとき、日本肥満学会に入会して、学会誌に目を通しました。この研究が（というほどのこともありませんが）、のちにダイエット外来を開いて、体重減少を指導することにつながっています。

３か月ほどで、いくつかの改善点を見いだしました。

まず、**筋肉がコンスタントに落ちていくのは、絶対に避け**なければならない、という大目標。

そのために、**体重1kgあたり、1日1g以上のタンパク質を摂取**しなければいけない、という食事の目標。

それと、**筋肉に負荷がかかるような運動を、週に3～4回行う**のが望ましい、というものでした。

食事の目標達成のため、仕事帰りに肉、魚、大豆製品など、タンパク質を意識しておかずを買い求めました。通勤路に沿って、いくつかのスーパーがあり、しかも深夜まで開いているのは、本当にありがたかった。

問題は運動で、月曜から土曜は時間がまったく確保できません。当面は**日曜日に軽い筋トレ（腕立て伏せ10回×3セット、腹筋10回×3セット）と、徒歩20分のバッティングセンターで3～4ゲーム、バットを振る**ことにしました。

食事の量は増えましたが、不思議なことに体重はさほど変わりませんでした。元の食事量があまりに少なかった、ということでしょう。

週1回の運動でも、3か月、4か月と続けていくと、太ももや体幹が少しずつしっかりしてくる実感がありました。

いつか自由時間が取れるようになったら、学生時代みたいにカラダを動かしたいな。そう思いながら、大学病院では入院患者を診て、学生を教育し、データをまとめて学会発表を行い、週2日は宮田医院で地域の人々の診療を行う、という気ぜわしい毎日を送っていました。

「ハゲもやし」を卒業

軽い脳梗塞を繰り返していた父でしたが、平成20年の12月、とうとう話す言葉がわかりにくくなり、患者さんとの意思疎通にも支障をきたすようになってしまいました

（その後のリハビリや服薬のおかげで、今はかなり戻っています）。

10年お世話になった大学病院を退職し、宮田医院を継ぐことにしたのは、平成21年4月、46歳のときです。

その頃の**体重は60kg前後で、ウエストは72㎝と少し増えましたが、体脂肪率は17〜18％まで落ち、息子たちも「ハゲもやし」と呼ばなくなっていました。**

3年間続けたとはいえ、たかが週1回の運動がそれほど効くとも思えません。タンパク質の摂取がいかに重要か、身をもって知ることができました。

さて、開業医になってみると、自由になる時間の多さに感動さえ覚えました。

午前の診療時間は9時から12時、午後は16時から19時。昼休みの自由になる4時間は、医者になってこのかた経験したことがないものでした（往診や研修、事務仕事などでツブれることもままありますが）。

まず始めたのは、昼食を済ませたあとの散歩です。

長距離走は苦手ですが、歩くのは子どもの頃から好きなので、本屋やコンビニなどの買い物がてら、長いと2時間近く歩き回りました。晩のおかずをデパートや商店街でゲットすることも覚えました。

当初は手ぶらで出かけていましたが、本や雑誌、食料飲料など、複数の買い物をする日も多く、すぐにリュックを使うようになりました。これが便利で歩くのがますます楽しみに。

そのうち気づいたのは、「重い荷物を背負って長く歩いた日は、夜に足が筋肉痛になる」ということ。なにか、鍛えたあとのような気分のよい痛さを感じたのです。

重りと一緒に散歩

だったら、最初から重りを運んでみよう。手首や足首に巻くタイプの1kgの重りを買ってきて、リュックの底に敷いてみました。これくらいでは背負った感触はほとんどど変わりません。

１週間ほどして、２kgのものと入れ替えてみました。これも肩に多少重みを感じますが、足の筋肉痛を招くほどではありません。

そして１kgと２kgを両方入れてみると、その夜、ふくらはぎや太ももに、心地よい筋肉痛を感じたのです。

しばらくの間、常に３kgの重りをリュックに入れたままにしました。買い物が多いときは、合わせて５kg以上になった日もあったでしょう。

あれ、最近足が痛くないなあ、３kgには慣れたんだ……。３～４か月経ったある日、リュックの重りを２kg＋２kgの４kgに上げました。

その後も、**現在にいたるまでウォーキングを週平均3～4回続けており、リュックの重りは12kg**まで増えました。

大きくなった息子たちには「どこを目指しているんだ、このオヤジは」と、あきれられていますが、足の筋肉はアスリート並みのバキバキに（その後、肩や首に痛みを覚え、整形外科医の友人に相談したところ、重すぎるリュックによって骨や関節が傷んでいる可能性があるといわれ、令和元年6月からは6kgに下げました）。

話は前後しますが、リュックに重りを入れ始めた頃から、筋トレも日曜だけの週1回から、**隔日で週3回にしました。腕立ては10回×3セットのままで、腹筋は楽になったので、20回×3に増やしました。**

ところで、ダイエット外来で患者さんと話していると、勘違いしている人が多いことの一つに、「医者はカラダのスペシャリストだから、筋トレにも詳しいに違いない」というのがあります。

学生時代に生理学や整形外科学で、筋肉の構造や働き、病気については学びます。しかし正常な筋肉を、どうやって訓練して大きくするかは教科書に載っていませんし、講義でも筋トレには触れません。医者はあくまで、病気を治すスペシャリストなのです。

自己流の腕立てと腹筋を続けて、肩や腹部には多少筋肉がつきました。もう少し効果が高くならないかな、と思っていたとき、愛読している雑誌『Ｔａｒｚａｎ』で、坂詰真二氏というイケメンが、筋肉について説いているのを読みました。

生理学的な内容でしたが、その説明が医者が答えているかの如く正確で完璧だったのです。

こういうプロなら信頼できると考え、翌日、散歩中に大型書店に寄り、坂詰氏の著書、『図解版やってはいけない筋トレ 週2回で体が変わる鍛え方』（青春出版社）を購入しました。

自分の体重を利用する（自体重）トレーニングなので、器具や広いスペースは必要なく（椅子などは使いますが）、その日からトレーニングを開始できます。

きついと感じた場合に、少し負荷を軽くする方法も記されており、女子や故障明けの人にもおすすめ。

私の場合、**腹筋と腕立ては、基本的な12のトレーニングに含まれていて、そのまま**

続行可能でした。残りの10種類で、足やおしり、胸など、いろんな部位をトレーニングすることに。

数年間これを繰り返し、最近はすべてのトレーニングを指示にある最高回数できるようになりました。腕や太ももにスジが現れたときのうれしさといったら！

このまま続ければ、筋肉は維持できるだろう、と思っていましたが、今度は本屋で『プリズナートレーニング』（CCCメディアハウス）と出合いました。

これは、アメリカの刑務所で服役した経験のある人が書いています。ひと言で表せば、「究極の自体重トレーニング」で、坂詰氏の『週2回で体が変わる鍛え方』の発展版といえるでしょう。

令和元年6月現在で、まだ10段階の2〜3番目くらいしかできていませんが、今後数年かけて、ゆっくりとクリアしていけたら、と思っています。

ついにマイナス30kgに成功！

私の波乱万丈のダイエット譚、いかがだったでしょうか。

平成11年にダイエットを始めてから20年。年号は変わり、息子たちも大学生と高校生になりました。**私の身長は169㎝まで縮み、体重は60〜63kg、体脂肪率は14〜17％程度で安定**しています。

年齢もあるでしょうが、高血圧や痛風の薬は卒業できていません。サボるとすぐに数値が悪化してしまうのです。若い頃の不摂生に対する罰なのでしょうか。皆様、とくに若い方々はお気をつけください。

ここ10年、食事は元々の**「腹八分目ダイエット」より1〜2割少ない1日1200〜1300㎉で、糖質と脂肪を控え、タンパク質と野菜は多めに摂る**ようにしています。

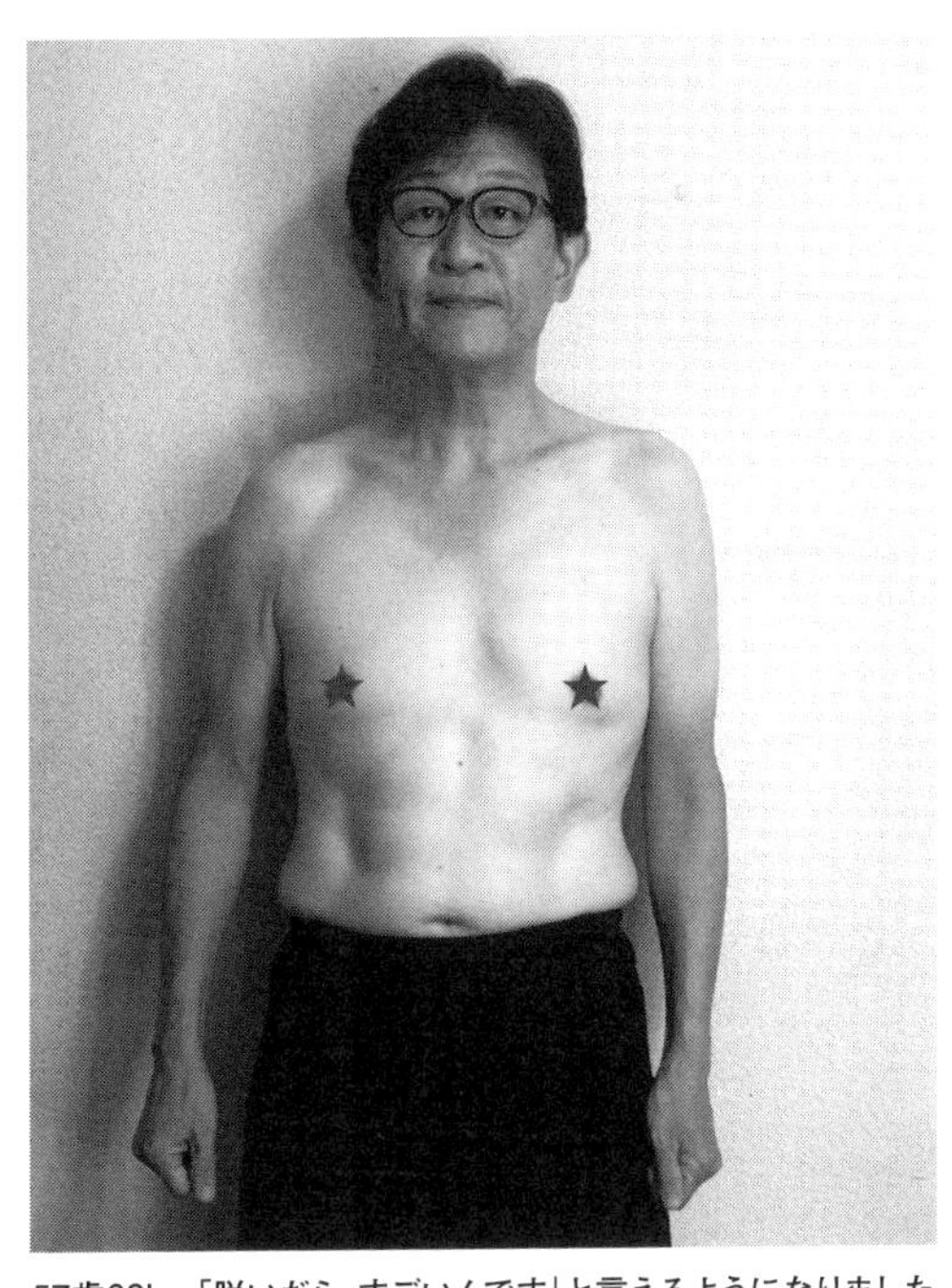

57歳62kg。「脱いだら、すごいんです」と言えるようになりました

週に3～4回のウォーキングと筋トレをしていれば、これで体重も体脂肪も大きく変動しません。年2回、息子たちの誕生日には、ケーキのご相伴にあずかる心の余裕もできました。

50代も半ばを過ぎ、四捨五入すれば還暦の60歳。今後は体重のキープが難しくなるかもしれません。が、なったらなったで、また新たなダイエットを試してみるだけです。それを今のうちに準備しておくために、本書を記したのかもしれません。

やっと手に入れたこのカラダ、なんとしても維持していきたいものです。

第2章

食品・食事法のダイエットとエビデンス

低カロリー食ダイエット（LCD）

grade A

いわゆるカロリー制限のことです。摂取カロリーを、標準体重*から決めるという、単純といえば単純な方法。

通常、25kcal×標準体重／日で開始し、体重の減りが悪ければ、食事量を落としていきます。

栄養素のバランスは、50～60％を糖質、15～20％をタンパク質、20～25％を脂質とするのが一般的で、正確にやればしっかり体重が下がるエビデンスがあります（各栄養素に関しては後述）(1)(2)(3)。

ずばり欠点1、面倒くさい。カロリーの計算は慣れないと煩雑だし、ましてや糖質、脂質、タンパク質の割合など、栄養士でもなければわかりません。

欠点2、カラダが慣れてしまって体重が落ちていないのか、ゆっくり痩せている途中なのかわかりにくいところ。体重が停滞しては、すぐにカロリーを絞ることを繰り返し、継続困難に陥ってしまいがち。

このLCDだと痩せるのが難しいので、いろいろなダイエット法が考えられたのかもしれません。

＊標準体重：身長（m）×身長（m）×22

例：身長162cmの場合、1・62×1・62×22＝約57・7kg

置き換えダイエット

grade A

オベキュア、マイクロダイエット、オプティファースト70といった商品名を、女性誌やネットの記事で目にしたことがあるかもしれません。ダイエット関係の商品は玉石混淆ですが（石が圧倒的に多い）、この3つには高いエビデンスがあります。

表2

	熱量(kcal)	タンパク質(g)	糖質(g)	脂質(g)
オベキュア(1食)	172	22	17.2	1.6
マイクロダイエット(1袋)	174	20	11.2	3.7
オプティファースト70(1袋)	84	14	6.0	0.4

「フォーミュラ食」と総称され、タンパク質やビタミン類、微量元素はしっかり摂取して、脂質と糖質由来のカロリーを思い切り減らすことで、効率よくダイエットできるのです(**表2**)。

ＬＣＤの一種ですが、カロリー計算をしなくても、1日3食のうち1回をフォーミュラ食に置き換えれば、2〜3kg／月の体重減少が可能(4)(5)。

夕食を置き換えるのが最も効果的で、筋肉量の低下を心配しないで済むのが、一番の魅力です。

朝食を抜きがちな人は、起床直後にフォーミュラ食を摂るのもよいでしょう。午前からしっかり代謝が上がり、カラダを痩せモードに導きます。

ちなみに当院では、オベキュアと、タンパク質の元であるアミノ酸が主体のエレンタールを、置き換えダイエットに利用しています(詳細は第6章で)。

超低カロリー食ダイエット(VLCD)

grade A

1日の食事量を600kcal以下に抑えるもので、通常はBMI*が35以上の高度肥満症の患者さんが適応対象です。

一般的には入院で行われ、「究極の食事ダイエット」とでも表現するもので、厳格にやれば5～10kg/月の体重減少が見込まれます(6)。ただし、低血糖やうつなど副作用が出現する可能性もあるので、注意が必要。

置き換えダイエットにも登場したフォーミュラ食を、1日3回摂取するのもVLCDの一法です。

BMIが30程度でも、関節に負担がかかって運動困難な人や、睡眠時無呼吸症候群、糖尿病といった肥満が原因の病気に悩んでいる方は、医師に相談してみてください。

軽度肥満、普通体重の人が、自宅で行うのは、危険を伴う場合もあるのでやめましょう。

＊ＢＭＩ：肥満度を表す指数で、体重（kg）÷身長（m）÷身長（m）

例：身長173cm体重77kgの場合、77÷1・73÷1・73＝約25・7

18・5未満　低体重
18・5〜25未満　普通体重
25〜30未満　肥満（1度）
30〜35未満　肥満（2度）
35〜40未満　肥満（3度）
40以上　肥満（4度）

なお、肥満3度以上を高度肥満と定義する。

断食

grade D

週末断食、プチ断食、断食道場。私も広告や記事を目にしたことがあります。「ファスティング」という言葉も聞きますが、食べないことに変わりはありません。

断食は、タンパク質の異化作用（分解される）を引き起こし、筋肉量の低下を招くことが、すでに証明され、また、一定期間以上続けると、腎臓や肝臓の障害を引き起こすことも報告されました(7)。

「カラダを切り替える」「デトックスのため」など、よくわからない理由で断食に誘うキャッチコピーも見かけますが、ダマされてはいけません。

何から何に切り替えるのか、まるでわからないし、「デトックス」自体まやかしで、毒素が体内に存在したら、免疫系が勝手に処理してくれます。体重が落ちても、筋肉が減り健康被害に遭っては、なんにもなりません。

余談ですが、消化器系の難病に潰瘍性大腸炎とクローン病という、腸の病気があります。原因不明の下痢や腸管出血を起こす難しい病気ですが、大学病院時代から私の専門でした。

この病気にかかると、何を食べてもすぐに下痢で排泄してしまうので、断食と同じような状態に陥ってしまいます。

現在では、いくつもよい薬ができ、寛解（症状がなくなる）にいたる患者さんも多いのですが、寛解者の多くに高コレステロール血症が見られるのです。

潰瘍性大腸炎やクローン病になる前と同じ食事を摂っているのに、です。これは、断食状態が続いたことにより、エネルギー倹約遺伝子にスイッチが入り、コレステロールなどの吸収が異常に亢進したからではないか、と考えられています。

1週間程度の断食でも同様のことが起こり得るので、絶対に避けましょう。

少量タンパク摂取法

grade D

断食ではなく、少量のタンパク質を含んだ食事を続ける方法も、筋肉量の減少をきたし、健康被害をもたらすと判断されました(8)。

タンパク源にコラーゲン加水水解物を用いたダイエットでは、なんと結果的に死者多発(9)(10)。のちにコラーゲンはタンパク質の代替にはならないことがわかりました。

結局、食事によるダイエットの極意は、「脂質と糖質を必要最低限まで減らし、タンパク質をしっかり摂る」ということに尽きるようです。

タンパク質摂取量は、標準体重×1・0〜1・2g／日以上が望ましいとされています。

ただし、多ければ多いほどよい、というわけではありません。大量のタンパク質摂取は腎臓に負担がかかる可能性が高いため、腎機能が落ちている場合は、総摂取カロリーの20％までに抑えましょう(11)。

一例を挙げます。身長160㎝体重66㎏（BMI25・8）の場合、標準体重は1・6×1・6×22＝約56・3㎏なので、56・3～67・6ｇ／日が推奨タンパク質摂取量です。また、標準体重から導きだした総摂取カロリーは56・3×25㎉＝約1408㎉／日。この20％は282㎉で、タンパク質は1ｇが4㎉ですから、腎機能が低下している人は、多くても282㎉÷4㎉＝約71ｇを超えないようにします。

脂質制限ダイエット

grade B2

脂質の摂りすぎは高コレステロール血症につながり、動脈硬化を引き起こしてしまいます。予防するためには、摂取エネルギーに占める脂質由来分を20～25％に抑えることが有効とされています(12)。

例：身長170cm体重75kg（BMI26）の人の標準体重は1・7×1・7×22＝約63・6kg。低カロリー食ダイエットの場合、1日摂取カロリーは63・6kg×25kcalで、1590kcalになります。このうち脂質由来を20〜25％にすると318〜398kcal。脂質は1gあたり9kcalですから、約35〜44gの脂質が1日摂取量です。
卵1個あたりの脂質が約4gなので、案外余裕がありそうですが、サーロイン（牛肉）のように100g中40〜50gの脂質を含むものもあり、注意が必要です。

糖質制限ダイエット

grade B1

最近、話題になることが多い糖質制限。結論からいえば、短期間（6か月以内）での体重減少には有効です(13)(14)(15)。

なぜ、grade Aではないのかというと、いくつか反論が存在するからです。カロリーが同じなら、糖質制限群と非制限群で体重の減少は同程度だったという実験結果(16)、低糖質群は結果的に摂取総カロリーが低くなるから体重が減っているだけ、という分析(17)。これらは、糖質制限をせずともカロリー制限で充分、と主張しています。

結論として、食事に占める糖質の割合が高い方は、糖質制限を試してみてもよい、というところでしょう。

ただ、あくまで糖質由来のカロリーを全体の40％に落とすくらいにしてください（通常は、低カロリー食ダイエットの項にあるとおり、糖質の割合は50〜60％）。

糖質（甘い物、米、パン、麺、芋、根菜など）をすべてカットして、代わりに肉や魚は食べ放題、という極端な方法をすすめる人もいますが、現在のところエビデンスはないのでやめましょう。血液中で酸素を運ぶヘモグロビンの生成や、筋肉の代謝維持に糖質は必須で、タンパク質や脂質では代用できないし、大脳が使えるエネルギーはブドウ糖だけだということを忘れずに。

また、10年を超える糖質制限では、死亡率が上がるとするエビデンスもあるので(18)、半年間程度の短期間に限って行いましょう。

消化が早い砂糖、ブドウ糖、果糖などの単純糖質と、ゆっくり吸収されるでんぷんなどの複合糖質では、血糖上昇速度に差があります。同じカロリーなら、芋や米、根菜類など複合糖質で摂取したほうが単純糖質を食べるより体重が減りやすい、というエビデンスがあります(19)（次項の「低GIダイエット」をご覧ください）。

単純糖質を含んだ飲料は体重を増加させ、その制限で体重が減少するというエビデンスもあるため(20)、いわゆるジュース類は避けるのが鉄則で、果物は搾ったものではなく、そのまま食べるようにしましょう。

低GIダイエット

grade B2

GIとはグリセミック・インデックスの略で、血糖値の上昇指数のことです。

ブドウ糖は純粋な糖分なので、食べるとただちに吸収され、血糖を上げるため、こ

表3

分類	GI値	食品
低GI	55以下	もち、フランスパン、ゆでたジャガイモ、サツマイモ、すべての豆、ほとんどのフルーツ、スパゲッティ、春雨、十割蕎麦、玄米
中GI	56～69	クロワッサン、ベーグル、ライ麦パン、ジャガイモ、キウイ、乾燥イチジク、アメリカンチェリー、レーズン、パイナップル、ハチミツ
高GI	70以上	白米、もち米、白いパン、マフィン、フライドポテト、マッシュポテト、ドーナッツ、スイカ、スコーン、うどん、ラーメン

の値が１００。

多糖類や、食物繊維を含む炭水化物は、ブドウ糖に比べて血糖の上昇速度が遅く、値が低くなります。

同じカロリーでも、ＧＩ値が低いものを食べたほうが体重が落ちやすい、というエビデンスがあります(19)。

とくに、食事の最初に高ＧＩ食品を食べるのは、避けるようにしましょう（**表3**）。

単品ダイエット

grade C

何年かおきにブームになる単品ダイエット。リンゴ、バナナ、ゆで卵など、さまざまなものが喧伝されました。「これだけを3食続ける、いくら食べてもよい」というやつです。

タンパク質、ビタミン、ミネラルを完璧に含んだ食品はないため、必ず栄養障害が起きますから、絶対にやめましょう。カラダに悪いとするエビデンスがないのは、倫理的に問題があるので、誰も人間相手に実験しないからです。

また、「これを食べれば痩せる」ダイエットも同様。何かを咀嚼して飲み込み、体重が落ちれば、それは食べ物ではなく毒です。

アサイーだろうがヨーグルトだろうがスーパーフードだろうが、栄養にはなっても体重は減少させません。

頻回食事ダイエット

grade B2

「肥る」という現象は、脂肪細胞が増えることです（以前は、成人後には脂肪細胞は増えないとされていましたが、現在では脂肪細胞が極限まで大きくなると、新たな脂肪細胞が出現して、脂肪組織全体の体積がふくらんでいくと考えられています）。

血液中の過剰な糖分が、中性脂肪として内部に貯め込まれることで脂肪細胞は大きくなりますが、これは膵臓から分泌されるインスリンというホルモンの作用によります。

このインスリン、血糖値が低いときに食事をして、新たな糖が血液に入ってくれば大量に放出されるという性質があります。

逆もまた真で、血糖値が高いときなら、同じ量を食べても放出は少なめなのです。

1日1食だと、食直前の血糖値は極端に低く、インスリンの分泌は多量となり、脂肪細胞の肥大を招きます。

1日の摂取カロリー量が同じなら、食事回数を多くしたほうが、平均血糖値が高めに保たれ、インスリンの分泌が少なくなります。

朝昼晩の3食を半分ずつに分け、6時、9時、12時、14時、17時、20時に食べるのが典型例。

専業主婦や、店舗兼住宅で商売をされている方は楽にできると思いますので、試してみてはいかがでしょう。

第２章の参考文献

(1) For the Diabetes Prevention Program Research Group. Reduction in the incidence of type 2 diabetes with life style intervention or metformin. PMID: 11832527
(2) A randomized trial of a low-carbohydrate diet for obesity. PMID: 12761365
(3) Comparison of weight-loss diets with different composition of fat, protein, and carbohydrates. PMID: 19246357
(4) Dieting and the development of eating disorders in obese woman : results of a randomized controlled trial. PMID: 15321793
(5) The effects of partial use of formula diet on weight reduction and metabolic variables in obese type 2 diabetic patients-multicenter trial. PMID: 24331681
(6) Effects on body weight of strict or liberal adherence to an initial period of VLCD treatment. A randomized, one year clinical trial of obese subjects. PMID: 10078855
(7) Treatment of obesity by total fasting for up to 249 days. PMID: 4162668
(8) Metabolic balance of obese subjects during fasting. PMID: 5940192
(9) Sudden death associated with very blow calorie weight reduction regimens. PMID: 7223697
(10) Sudden, unexpected death in avid dieters using liquid-protein-modified-fast diet. Observation in 17 patients and the role of prolonged QT interval. PMID: 498466
(11) The impact of protein intake on renal function decline in woman with normal renal function or mild renal insufficiency. PMID: 12639078
(12) 日本動脈硬化学会、動脈硬化性疾患予防ガイドライン2012.
(13) for the Dietary Intervention Randomized Controlled Trial (DIRECT) Group. Weight loss with a low-carbohydrate, Mediterranean, or low-fat diet. PMID: 18635248
(14) Systemic review and meta-analysis of different dietary approaches to the management of type 2 diabetes. PMID: 23364002
(15) Systemic review and mete-analysis of clinical trials of the effects of low carbohydrate diets on cardiovascular risk factors. PMID: 22905670
(16) The effects of the dietary glycemic load on type 2 diabetes risk factors during weight loss. PMID: 22905670
(17) Efficacy and safety of low-carbohydrate diets: a systemic review. PMID: 12684364
(18) Low-carbohydrate diets and all-cause mortality: a systematic review and meta-analysis of observational studies. PMID: 23372809
(19) Long-term effects of ad libitum low-fat, high-carbohydrate diets on body weight and serum lipids in overweight subjects with metabolic syndrome. PMID: 11756055
(20) Sugar-sweetened beverages and weight gain in children and adults: a systemic review and meta-analysis. PMID: 23966427

第3章

薬・サプリメントのダイエットとエビデンス

マジンドール

grade A

世界的に見れば、grade Aの抗肥満薬はいくつかありますが、日本で認められているのは、このマジンドールだけです。

脳に働きかけて食欲を抑え、12〜14週間で5〜6%体重を減少させます(1)(2)。緑内障、重篤な高血圧症、うつ病・うつ状態などがある方は服用できません。BMIが35以上の高度肥満症に保険適応があり、最長12週間服薬します。うつと依存症が最も懸念される副作用で、この薬を服用する方は、医師の説明をしっかりと理解しなければいけません（第6章でも詳しく解説しています）。

52週間連続投与で、比較的安全に体重を減少させたというエビデンス(3)、注意欠陥多動障害を改善したというエビデンス(4)もあり、我が国でも今後の検討が望まれます。

防風通聖散（ぼうふうつうしょうさん）

grade B2

漢方薬で、保険適応となる薬の効能効果の欄に「肥満」と記載されていますので、grade B2としましたが、肥満症患者を対象とした実験のエビデンスは探せませんでした。

当院でも投与しており、便秘症の改善には一定の効果があるものの、これだけで5％以上の体重減少に成功した例は、現在のところありません。

リパーゼ阻害薬

grade A

小腸で脂肪を分解して吸収可能にする消化酵素をリパーゼといいますが、その働きをブロックする薬です。米国ではXenical®（ゼニカル）という商品名で20年以上前から普及しており、低用量のものは薬局でも処方箋なしで入手可能。

アブラっこいものをたくさん食べても、吸収されずに便に出てしまうので、脂質由来のカロリーをほぼゼロにできます。肥満症の患者が4年間で平均約6kg減量して、糖尿病になるリスクも下げたというエビデンスがあります(5)。

日本の製薬メーカーも同系統のリパーゼ阻害薬を開発し、実験ではゼニカルと同等以上の結果が得られましたが(6)、なぜか販売直前で行政からストップがかかり、その後3年以上なんの動きもありません。厚生労働省は、やはり乱用を危惧したのでしょう。

というわけで、この薬は怪しいものではなく、上手に使えばダイエットの味方になりますので、海外旅行中など入手可能なときは試してみてはいかがでしょう。ただし、副作用の下痢（ひどい人はかなり重症）はほぼ必発なので、ご承知おきを。

ＧＬＰ−１受容体作動薬　Saxenda®（ザクセンダ）

grade A

ＧＬＰ−１受容体作動薬は、米国では糖尿病と肥満症の治療薬として投与されていますが、日本では糖尿病の薬としてのみ、承認されています。ザクセンダは注射薬で、胃の蠕動（ぜんどう）運動を抑制して血糖値を下げたり、食欲を抑制する作用があります。

体重を減少させる効果はゼニカルや、後述するロルカセリンより強く、平均すると４〜６kg(7)。

副作用は下痢や便秘など消化器症状が主で、極端な食事制限をしなければ、低血糖症状はきたしにくいと考えられています。安全性も効果も申し分のないレベルで、日本でもエビデンスの蓄積が望まれます。

Lorcaserin（ロルカセリン）

grade A

これも米国で認められており、マジンドールと同じく中枢性食欲抑制剤の一種です。1年間の投与で平均5・5kg体重を減少させ(8)、心臓や血管系の副作用は増加させません(9)（わざわざ心臓・血管系の副作用を調査してエビデンスを出しているのは、米国で、以前ある種の抗肥満薬で心臓・血管系の副作用死が多発し、発売停止になったことがあるからです）。

主な副作用は、頭痛、背部痛、風邪症状、吐き気で、重い副作用は低血糖症状くらいでした。

この薬も、安定した効果と副作用の少なさは折り紙つきで、日本でも承認が期待されます。もし仕事で海外駐在する場合は試してみては（ただし適応は原則的にBMIが30以上の肥満症患者です）。

Qsymia®（キシミア）

grade A

米国で2012年に承認された抗肥満薬で、BMI30以上か肥満関連疾患（高血圧や糖尿病など）があるBMI27以上の患者が適応対象です。Phentermine（フェンタミン）とTopiramate（トピラメイト）という2種類の薬の合剤で、前者は中枢性食欲抑制剤。後者は抗てんかん薬で、以前より体重減少という副作用が知られていました。

1年の服用で約5％、2年の服用で約10％体重が減少します(10)。

副作用は便秘、しびれ、口渇が多く、高容量だと味覚異常、不眠、めまいも見られるようです。これも重大な副作用はなく、日本でも導入が期待されます。

grade A

Contrave®（コントレーブ）

米国で2012年に承認された抗肥満薬で、適応はキシミアと同じです。Naltrexone（ノートレキサン）とBupropion（ブプロピオン）の合剤で、前者はアルコール依存症や麻薬中毒を治療するオピオイド（麻薬系鎮痛剤）拮抗薬、後者は抗うつ剤です。

1年の服用で約8％の体重減少が可能とされ、主な副作用は嘔気・嘔吐、便秘、頭痛で、ロルカセリンと同じく心臓・血管系の副作用死は見られませんでした(11)。

ブプロピオンは肝臓でCYP2B6という酵素で分解され、CYP2D6という酵素を抑制するため、関連する薬の容量調節が必要なこと、またブプロピオンは希死念慮（きしねんりょ）（漠然と死を願う状態）、精神異常性などの注意が必要なクラスの抗うつ薬であることから、やや投与が難しい印象を受けます(11)(12)。

それにしても、米国の抗肥満薬の多さは、肥満による健康被害の深刻さと、なんとかそれを減らそうとする当局の強い意志を感じさせますね。

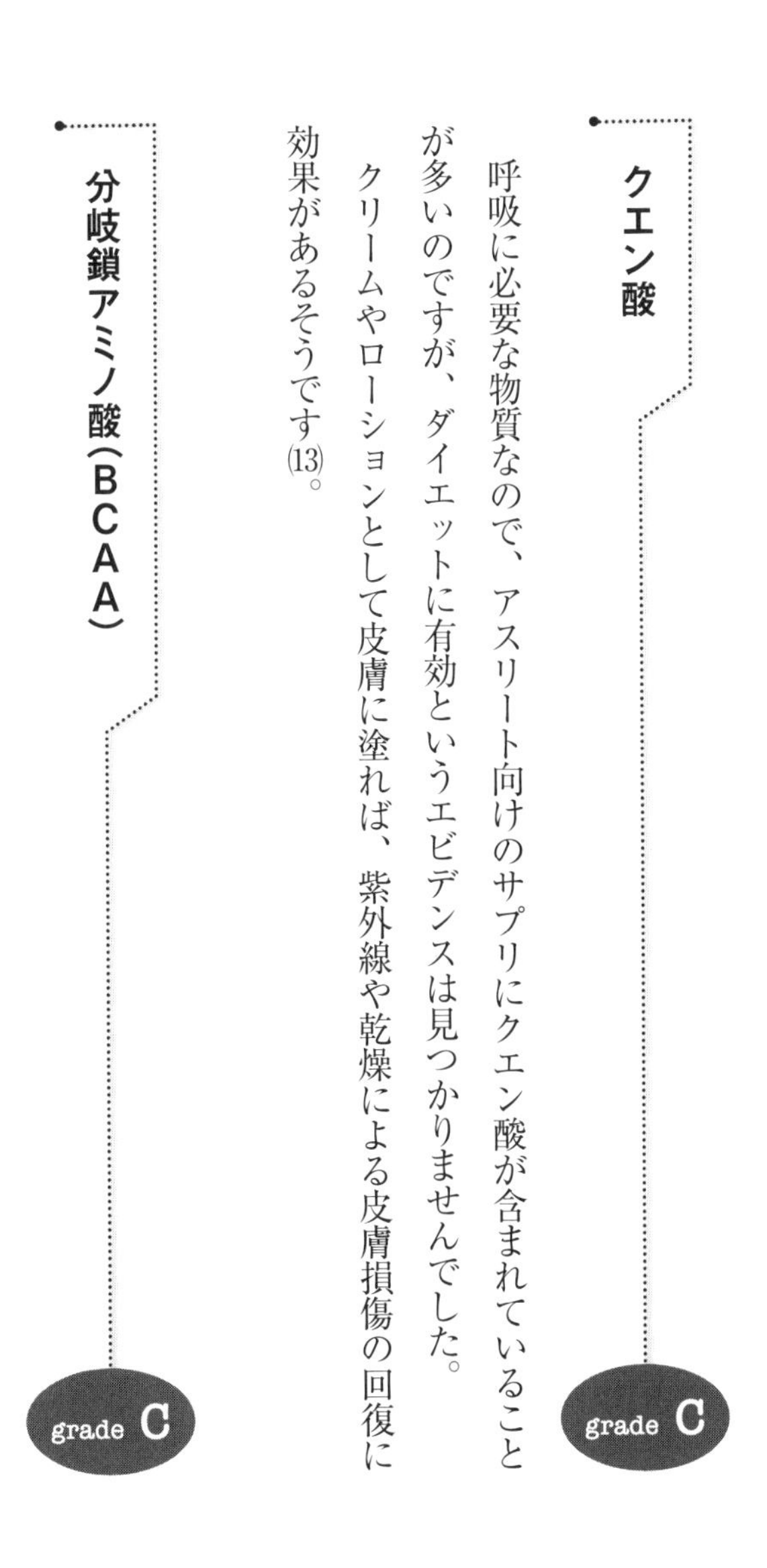

クエン酸

grade C

呼吸に必要な物質なので、アスリート向けのサプリにクエン酸が含まれていることが多いのですが、ダイエットに有効というエビデンスは見つかりませんでした。

クリームやローションとして皮膚に塗れば、紫外線や乾燥による皮膚損傷の回復に効果があるそうです(13)。

分岐鎖アミノ酸（BCAA）

grade C

肉、乳製品、豆類から体内に取り入れられるアミノ酸で、バリン、ロイシン、イソロイシンの3種類です。

運動後の筋肉疲労を和らげたり、肝硬変の精神症状（肝性脳症）を改善する作用には高いエビデンスがあります(13)。

臨床試験では体重は減少しなかったものの、太ももやウエストを細くしました(14)。

ダイエットには grade C ですが、筋肉量保持効果を考慮すれば、運動後の摂取はおすすめです。

ショウガ（ジンゲロール、ジンゲロン）

grade C

吐き気を抑えたり、コレステロールを下げたりする作用は、低いエビデンスがありますが(13)、ダイエットに関しては有効なものは探せませんでした。

ただ、ネズミを用いた実験で、ショウガの投与により体重が減少したという報告(15)があるので、今後ヒトでもエビデンスが出てくるかもしれません（ショウガが入ったエサは辛くて、ネズミの食べる量が減っただけだったりして)。
意外なことに、体温を上げるとするエビデンスも、見つけることができませんでした。

キトサン(キチン)

grade C

カニやエビなどの殻に含まれる食物繊(線)維で、脂肪吸収抑制作用がありますが、効果はわずかとされています。体重減少や血中コレステロール値の低下に関しても、矛盾するエビデンスが存在し(13)、ダイエットに関しても推奨できるレベルではありません(16)。

(L-) カルニチン

grade A

カルニチンは、リジンというアミノ酸から体内で合成される物質で、脂肪を燃焼する過程で酵素の役割を果たします。臨床試験で、少しですが体重が減る(△1・33kg)というエビデンスがあります(17)。

運動しても汗をかきにくい、冬の冷え症がひどい、というような代謝低下の症状がある方は試してみましょう。

大豆プロテイン

grade C

すべての必須アミノ酸を含む食品で、低脂肪食とともに摂取すれば血中コレステロール値を下げる、というエビデンス(13)がありますが、ダイエットに関しては、牛乳との比較試験くらいしか見あたりませんでした(18)。

しかし、低カロリー食ダイエットなどで見てきたとおり、ダイエットは総摂取カロリーを減らし、タンパク質をしっかり摂ることが肝要なので、大豆食品は普段から適量を積極的に摂るようにしましょう。

レシチン

grade C

大豆、卵黄などに含まれる脂肪の一種です。肝臓疾患や高コレステロール血症の改善には低いエビデンスがありますが(13)、ダイエットや脂肪燃焼に関するエビデンスは探せませんでした。

オルニチン

grade C

アミノ酸の一種で、ヒトは体内でつくることができます。運動能力の向上や、肝疾患の改善に低いエビデンスがありますが(13)、脂肪燃焼や体重減少に関するものは探せませんでした。

コエンザイムQ10(キューテン)

grade C

体内でビタミンのように働く補酵素で、うっ血性心不全、心筋梗塞などには治療薬としてのエビデンスがありますが(13)、ダイエットや脂肪燃焼に関するものは、ネズミを用いた研究くらいしか探せませんでした(19)。

α-リポ酸（ALA）

grade A

抗酸化物質と呼ばれるビタミン様物質（補酵素）で、体内で細胞損傷を防御する働きがあると考えられています。

ヨーロッパでは、糖尿病性神経障害に薬物として投与されており(13)、ダイエットに関しても、有効だという高いエビデンスがあります(20)(21)。ただし体重の平均減少量は、690g(20)、1・27kg(21)で、コスパは悪いかも。

L-アルギニン

grade B1

アミノ酸の一種で、牛肉、豚肉、鶏肉などに多く含まれ、タンパク質合成に必要です。うっ血性心不全、狭心症の胸痛、膀胱炎、エイズ患者の治療中の体重増加（除脂肪体重の維持）に低いエビデンス(13)があります。

ダイエットに関しては、肥満女性のウエストを細くしたという低いエビデンスがあり(22)、大豆タンパクと同じでタンパク源として考えれば、筋肉量の維持に有用と思われます。

カフェイン

grade B1

コーヒーや緑茶に含まれるカフェインは、頭痛の鎮静や覚醒作用には高いエビデンスがあります。

体重減少に関しては、コーヒーカフェイン(23)、緑茶カフェイン(24)とも低いエビデンスがあります。

また、減量後の体重維持にも低いエビデンスがあるので(25)、ダイエット中に愛飲してもよいでしょう。もちろん、砂糖やミルクは抜きで。

ガルシニア

grade D

植物由来成分で、ダイエットサプリによく含まれています。

いくつかの臨床試験が行われ、ダイエットに有効というエビデンスがありますが、体重の平均減少量はわずか880gです(26)。

反面、ガルシニアサプリでひどい肝障害になり、肝臓移植の手術でなんとか一命を取りとめた、という報告もあり(27)、grade Dとしました。

第3章の参考文献

(1) Clinical and basic aspects of an anorexiant, mazindol, as an antiobesity agent in Japan. PMID: 1728834
(2) 食欲抑制剤 Mazindol の肥満症に対する臨床評価―多施設二重盲検法による検討 . 臨床評価 1985.
(3) A comparative study of five centrally acting drugs on the pharmacological treatment of obesity. PMID: 24287940
(4) A double-blind, placebo-controlled, phase Ⅱ study to determine the efficacy, safety, tolerability and pharmacokinetics of da controlled released (CR) formulation of mazindol in adults with DSM-5 attention-deicit/hyperactivity disorder(ADHD). PMID: 29557078
(5) XENical in the prevention of diabetes in obese subjects (XENDOS) study: a randomized study of orlistat as an adjunct to lifestyle changes for the prevention of type 2 diabetes in obese patients. PMID: 14693982
(6) Weight loss, HbA1c reduction, and tolerability of cetilistat in a randomized, placebo-controlled phase 2 trial in obese diabetics: comparison with orlistat (Xenical). PMID: 19461584
(7) Liraglutide for weight management: a critical review of the evidencs. PMID: 28392927
(8) Lorcaserin for weight management. PMID: 23788837
(9) Cardiovascular safety of lorcaserin in overweight or pbese patients. PMID: 30145941
(10) Phentermine/Topiramate extended-released capsules (Qsymia) for weight loss. PMID: 24222976
(11) Naltrexone/bupropion ER (Contrave) Newly approved treatment option for chronic weight management in obese adults. PMID: 26957883
(12) Naltrexone SR/bupropion SR (Contrave) A new approach to weight loss in obese adults. PMID: 21785538
(13) ナチュラルメディシン・データベース
(14) The weight loss effects of Branched Chain Amino Acids and Vitamin B6: A randomized controlled trial on obese and Overweight women. PMID: 30841826
(15) Ginger prevents obesity through regulation of energy metabolism and activation of browning in high-fat diet-induced obese mice. PMID: 31200315
(16) Effect of chitosan on weight loss in overweight and obese individuals: a systematic review of randomized controlled trials. PMID: 15655037
(17) The effects of (L-)carnitine on weight loss in adults: a systematic review and meta-analysis of randomized controlled study. PMID: 27335245
(18) Weight loss and lipid changes with low-energy diets: comparator study of milk-based versus soy-based liquid meal replacement interventions. PMID: 15930487
(19) Coenzyme Q10 improves lipid metabolism and ameliorates obesity by regulating CaMK Ⅱ -mediated POE4 inhibition. PMID: 28811612

(20) Alpha-lipoic acid supplement in obesity treatment: A systematic review and meta-analysis of clinical trials. PMID: 28629898
(21) Alpha-lipoic acid (ALA) as a supplementation for weight loss: Results from a meta-analysis of randomized controlled trials. PMID: 28295905
(22) L-arginine for the treatment of centrally obese subjects: a pilot study. PMID: 24409974
(23) The effects of caffeine intake on weight loss: a systematic review and dos-response meta-analysis of randomized controlled trials. PMID: 30335479
(24) The effects of green tea on weight loss and weight maintenance: a meta-analysis. International Journal of Obesity.
(25) Caffeine intake is related to successful weight loss maintenance. PMID 26554757
(26) The use of Garcinia Extract (Hydroxycitric Acid) as a weight loss supplement: A systematic review and meta-analysis of randomized clinical trial. PMID: 21197150
(27) Dangerous dietary supplements: Garcinia cambogia-associated hepatic failure requiring transplantation. PMID: 28018115

第4章

運動・生活習慣・その他のダイエットとエビデンス

運動療法

grade A

当たり前ですが、運動は体重を減らし、長くすればするほど多く減り、続ければリバウンドを防ぎます(1)。

ただし、これまで運動をしてこなかった人が急に激しい運動をすると、心筋梗塞などを発症するおそれも(2)。脳梗塞や狭心症など血管系の病気や、高血圧、糖尿病で治療中の方は、必ず主治医に相談して、軽い運動から始めるようにしましょう。

そして運動に慣れてきたら、少しずつきつい運動に上げていくのが目標。同じカロリー消費量なら、より強い運動のほうが、内臓脂肪を減少させ、メタボリック症候群*の罹患率を下げます(3)(4)(5)(6)(7)。

＊メタボリック症候群は、生活習慣病といわれる以下の疾患に、複数罹患することをいいます。肥満、高血圧、耐糖能異常（糖尿病と予備軍）、脂質異常症（コレステロールや中性脂肪の異常）、高尿酸血症（痛風）。

運動の強度は、メッツという単位で表します。表4に生活活動、表5に運動の強度をまとめました。消費エネルギーは、以下の式で求められます。

消費カロリー（kcal）＝1・05×メッツ×運動時間（時間）×体重（kg）

例1：体重65kgの人が、庭の草むしりを30分やった場合

1・05×4・5×0・5×65で、消費エネルギーは153・6kcalになります。

例2：体重70kgの人が、ジョギングを1時間やった場合

1・05×7・0×1×70で、消費エネルギーは514・5kcalになります。

表4　生活活動の強度

メッツ	活動内容
3.0	普通歩行（平地、67m/分）、大工仕事、階段を下りる、屋内の掃除
3.5	モップがけ、掃除機がけ、軽い荷物運び、電気関係の仕事、配管工事
4.0	速歩（平地、95～100m/分）、自転車（16km/分未満）、通勤、子どもとの遊び、動物の世話、屋根の雪下ろし
4.5	苗木の植栽、庭の草むしり、耕作、農作業、家畜に餌を与える
5.5	芝刈り（電動芝刈り機を使って歩きながら）
6.0	家具・家財道具の移動・運搬、スコップで雪かき
8.0	運搬（重い負荷）、階段を上がる
9.0	荷物を上の階に運ぶ

表5　運動の強度

メッツ	運動内容
3.0	自転車エルゴメーター50ワット、軽いウェイトトレーニング
3.5	家で軽い体操、ゴルフ（カートを使う）
4.0	水中で柔軟体操、ボーリング、卓球、太極拳
4.5	バドミントン、ゴルフ（クラブを自分で運ぶ）
5.0	ソフトボール、野球、ドッジボール
6.0	ウェイトトレーニング（高強度）、ジャズダンス、バスケットボール
6.5	エアロビクス
7.0	ジョギング、サッカー、テニス、水泳（背泳）、スケート、スキー
7.5	登山（2～3kgの荷物を背負って）
8.0	サイクリング（約20km/時）、ランニング（134m/分）、水泳（ゆっくりクロール）
10.0	ランニング（161m/分）、柔道、空手、キックボクシング、テコンドー、ラグビー、水泳（平泳ぎ）
11.0	水泳（バタフライ、クロール）
15.0	階段を駆け上がる

脂肪は1gが9㎉ですから、例1では約17g、例2では約57gの脂肪が消費されたことになります。やはり、運動だけでは減少量はわずかなので、食事療法との併用が必要です。

最後に、食事を1000㎉以下に制限すると、有酸素運動をしても体重は減らないが、筋トレは筋肉量の維持に効果があるというエビデンス⑴を、つけ加えておきます。

(表4・表5)

行動療法① グラフ化体重日記

grade A

これは、体重を記録することによって、問題点を修復していくものです。グラフに毎日4回（起床直後、朝食直後、夕食直後、就寝直前）測定した体重を記入します。未記入があったり（外食と推定される）、就寝直前より翌日の起床直後のほうが重かったり（深夜の飲食があったと推定される）、2日以上連続で体重が増えている（食べすぎが常態化していると推定される）ことがあったとき、患者さん自身に何が悪かったか考えてもらい、行動を修正してもらうのが狙いです。

この方法だけでも、しっかりやれば体重は減少し(8)、また続けることによって減量した体重を長期維持できるというエビデンスもあるので(9)、ぜひ習慣化しましょう。

巻末にグラフ化体重日記の用紙の見本をのせておきましたので、コピーするなどしてご利用ください。

行動療法② 食行動質問票

grade B2

ダイエットに悪い習慣や好みに自分で気づき、行動を修正する**食行動質問票**（表6 ⇒P94）(10)。肥りやすい55の行動を質問形式にして、次の4種類で答えてもらいます。

1　そんなことはない
2　ときどきそういうことがある
3　そういう傾向がある
4　まったくそのとおり

3、4と答えた方で欠点を把握したら、自分自身で行動を修正します。臨床試験のエビデンスはみつからなかったのでgrade B2ですが、高度肥満症の診療でも必須とされており(11)(12)、定期的に目を通して、悪い習慣や好みを修正していきましょう。

行動療法③　30回咀嚼法（そしゃくほう）

grade B1

ひと口ずつ、必ず30回噛んで食べるものです。
比喩的な意味で「よく噛んで食べる」ではなく、29回でも31回でもダメで、単純作

表6　食行動質問票

番号	質　問	回答（1〜4で答えてください）
1	早食いである	
2	肥るのは甘いものが好きだからだと思う	
3	コンビニをよく利用する	
4	夜食をとることが多い	
5	冷蔵庫に食べ物が少ないと落ち着かない	
6	食べてすぐ横になるのが肥る原因だと思う	
7	宴会・飲み会が多い	
8	人から「よく食べるね」といわれる	
9	空腹になるとイライラする	
10	風邪を引いてもよく食べる	
11	スナック菓子をよく食べる	
12	料理があまるともったいないので食べてしまう	
13	食後でも好きなものなら入る	
14	濃い味好みである	
15	お腹一杯食べないと満腹感を感じない	
16	イライラしたり心配事があるとつい食べてしまう	
17	夕食の品数が少ないと不満である	
18	朝が弱い夜型人間である	
19	麺類が好きである	
20	連休や盆、正月はいつも肥ってしまう	
21	間食が多い	
22	水を飲んでも肥るほうだ	
23	身の回りにいつも食べ物を置いている	
24	他人が食べているとつられて食べてしまう	
25	よく噛まない	
26	外食や出前が多い	
27	食事の時間が不規則である	
28	外食や出前をとるときは多めに注文してしまう	

番号	質　問	回答（1〜4で答えてください）
29	食事のメニューは和食より洋食が多い	
30	ハンバーガーなどのファストフードをよく利用する	
31	何もしていないとついものを食べてしまう	
32	たくさん食べてしまった後で後悔する	
33	食料品を買うときには、必要量よりも多めに買っておかないと気が済まない	
34	果物やお菓子が目の前にあるとつい手が出てしまう	
35	1日の食事中、夕食が豪華で最も多い	
36	肥るのは運動不足のせいだ	
37	夕食をとるのが遅い	
38	料理を作る時には、多めに作らないと気がすまない	
39	空腹を感じると眠れない	
40	菓子パンをよく食べる	
41	口一杯詰め込むように食べる	
42	他人より肥りやすい体質だと思う	
43	アブラっこいものが好きである	
44	スーパーなどでおいしそうなものがあると予定外でもつい買ってしまう	
45	食後すぐでも次の食事のことが気になる	
46	ビールをよく飲む	
47	ゆっくり食事をとる暇がない	
48	朝食をとらない	
49	空腹や満腹感がわからない	
50	お付き合いで食べることが多い	
51	それほど食べていないのに痩せない	
52	甘いものに目がない	
53	食前にはお腹が空いていないことが多い	
54	肉食が多い	
55	食事のときは食べ物を次から次へと口に入れて食べてしまう	

業化して30回ずつ噛みます。

しっかり咀嚼することで満足感が増し、ひいては食事量を減少させる、というエビデンスがあります(13)。

食べるスピードが遅い人のほうが、速い人よりメタボリック症候群が少ない、というエビデンスも存在し(14)、なんといっても無料でできますので、試してみては。

外科手術

grade A

減量のための外科手術（bariatric surgery, 以下ｂｓ）と、糖尿病など代謝疾患をコントロールするための手術（metabolic surgery, 以下ｍｓ）があり、それぞれ適応が違います。

ｂｓは、食事療法や運動療法、薬物療法でもＢＭＩが35を下回らない方に行われます。

msは、糖尿病や、その他の肥満関連疾患が内科治療でコントロールできない方に施行されますが、適応となるBMIは医療機関によって異なり、30〜32以上としているところが多いようです。

術式もいくつかありますが、腹腔鏡を使って胃を切り取る方法は、糖尿病合併の高度肥満症例に保険適応があります。

msに関しては、まだエビデンスを蓄積している段階ですが、bsの有効性は確立しているので(15)(16)(17)(18)、なかなかBMIが35を切らずに悩んでいる方は、選択肢に加えてみてはいかがでしょう(実施医療機関は、ネットで「肥満　手術治療」で検索してみてください)。

内視鏡的体重減量法

grade A

日本でも普通に行われている上部消化管内視鏡(通称、胃カメラ)を用いた減量法が、米国では数種類承認されています。内視鏡で胃に風船を送り込む、Orbera®（オーベラ）とReShape®（リシェイプ）。自分で飲み込んで、取り出すときのみ内視鏡が必要なObalon®（オバロン）。この3種類が、風船を胃に入れてふくらませ、胃の容量を物理的に狭くして食事量を減らそうというものです。

オーベラは、400〜700㎖の生理食塩水で風船をふくらませて胃内に留置します。

リシェイプは風船が2個つながっており、胃の形にフィットするようにできています。2個合わせて750〜900㎖の生理食塩水でふくらませます。

オバロンはレントゲン透視下で、患者自身が、風船が入ったカプセル（管が付いている）を飲み込み、胃内に達したら、管から気体を送り込んでふくらますものです。風船は3連タイプで、各風船が250㎖程度の容量なので、合計約750㎖、胃内のスペースを占拠します。

風船を使った治療の適応対象は、薬物療法などが無効でBMIが30〜40の肥満症患者。体重減少量は抗肥満薬など内科治療と同等かそれ以上ですが、外科手術にはかなわないようです(19)。

また、米国では、内視鏡を使って胃と腹壁を貫通する小さな穴を開け、咀嚼して胃に到達した食べ物を、その穴から外へ吸い出す、Aspire Assist®（アスパイア・アシスト）という装置も承認されています。適応対象は内科治療が無効で、ＢＭＩが35～55の肥満症患者。風船を使った方法を少し上回る減量結果でした(20)。

内視鏡的肥満治療は、外科手術に比べて簡便で、傷も残らないか小さいため、日本で承認されれば、一気に施行数が増えるかもしれません。

脂肪吸引

grade B1

これは、ダイエットというよりも形成外科領域の手技なのですが、当院のダイエット外来で数人の患者さんからご質問を受けましたので、調べた経緯があります。

施術後に患者さんが死亡したという報道も過去にありましたが、最近は麻酔法と吸引法の発達により、比較的安全な方法で、蓄積した脂肪を取り除けるという報告がありました(21)(22)。

また、痩身目的だけでなく、顔面の腫瘍を取り除いたあとに充填するための、脂肪採取目的の場合もあるようです。

ある程度以上の脂肪体積の方しか適応対象になりませんが、充分な経験と実績がある施設を選ぶようにしましょう。

脂肪やセルライトを溶かす石鹸、クリーム、ジェル、マッサージ

grade C

本当にあったら私も欲しいので、いくつか論文を当たりましたが、残念ながら有効なエビデンスは見つかりませんでした。

grade Dでないのは、単品ダイエットと同じで、研究者は誰も本気で実験して「効果は見られなかった」という論文を書かないからです。

第4章の参考文献

(1) Appropriate physical activity intervention strategies for weight loss and prevention of weight gain. PMID: 19127177
(2) Exercise and acute cardiovascular events placing the risks into perspective: a scientific statement from the American Heart Association Council on Nutrition, Phsical Activity, and Metabolism and the council on clinical cardiology. PMID: 17468391
(3) Influence of exercise intensity on abdominal fat and adiponectin in elderlry adults. PMID: 19196080
(4) Vigorous intensity physical activity is related to the metabolic syndrome independent of the physical activity dose. PMID: 22447838
(5) Association of the metabolic syndrome with both vigorous and moderate physical activity. PMID: 12913036
(6) Sedentary lifestyle, poor cardiorespiratory fitness, and the metabolic syndrome. PMID: 12900679
(7) Low levels of leisure-time physical activity and cardiorespiratory fitness predict development of the metabolic syndrome. PMID: 12196436
(8) Clinical Guidelines on the identification, evaluation, and treatment of overweight and obesity in Adults. NIH Publication, Bethesda, 1998.
(9) Regular self-weighing to promote weight maintenance after intentional weight loss: a quasi-randomizes trial. PMID: 23753256
(10) 肥満症治療ガイドライン 2016.41 ページ . 日本肥満学会
(11) Effects of diet and physical activity interventions on weight loss and cardiometabolic risk factors in severely obese adults: a randomized trial. PMID: 20935337
(12) Eight-year weight losses with an intensive lifestyle intervention : the look AHEAD study. PMID: 24307184
(13) Improvement in chewing activity reduce energy intake in one meal and modulate plasma gut hormone concentrations in obese and lean young Chinese men. PMID: 21775556
(14) Self-reported eating rate and metabolic syndrome in Japanese people: cross-sectional study. PMID: 25192877
(15) Gastrointestinal surgery for severe obesity: National Institutes of Health Consensus Development Conference Statement/ PMID: 1733140
(16) Long-term outcomes of bariatric surgery: a National Institute of Health symposium. PMID: 25271405
(17) Long-term follow-up after bariatric surgery: a systematic review. PMID: 25182102
(18) Bariatric surgery versus non-surgical treatment for obesity: a systematic review and meta-analysis of randomized controlled trials. PMID: 24149519
(19) Advances in endoscopic balloon therapy for weight loss and its limitations. PMID: 29209122
(20) The role of endoscopic therapy in obesity management: intragastric balloons and aspiration therapy. PMID: 28740414
(21) A journey through liposuction and liposclture: Review. PMID: 29158895
(22) Thirtyfour years of liposuction: past, present and future. PMID: 22530358

第5章

ダイエット外来の医師が答える「ダイエットQ&A」

Q1 それほど食べているわけではないのに体重が減りません。体質でしょうか？

A

単純に考えて、基礎代謝（生きているだけで消費されるカロリー）と、運動や生活で消費するカロリーの合計が、摂取カロリーより少ないため、体重が減らないのです。

基礎代謝は個人差があり、筋肉が多い人ほど多くなります。

またカロリーを使いやすいのは有酸素運動ですから、筋トレと、走ったり歩いたり泳いだりを、組み合わせてやってみましょう。

たまに遭遇するケースで、食事を減らしすぎ、運動もほとんどせず、「これだけ食べていないのに痩せません」と訴える方がいます。

ほとんどが女性ですが、この場合、カラダはカロリーが入ってこないので消費を極端に抑えるという〝冬眠状態〟になってしまっています。タンパク質、ビタミン、ミネラルを充分とり、運動を少しずつ増やさなければ、この状態からは抜け出せません。

Q2

よく「代謝をよくして脂肪を燃やす」というフレーズを聞きます。代謝がよいとは、どういうことですか？ 大便が毎日出ていれば、代謝がよいのですか？

A

人間は、糖質、脂質、タンパク質を分解して、エネルギーを産生することで生きています。このエネルギー産生を多くすることを、「代謝をよくする」と表現しているのです。自動車にたとえれば、「燃費が悪ければガソリンは早く減る」となります。

1日に人間が消費するカロリーは、だいたい60％が基礎代謝、30％が運動と生活動作による代謝、10％が熱産生とされています。

筋肉を増やして基礎代謝を上げ（自動車も重くなれば燃費は落ちますね）、運動してカロリーを消費すれば、代謝がよくなり（脂肪などが燃えて）、体重が落ちやすくなります。お通じは代謝とは直接関係ありません。

Q3 体脂肪と内臓脂肪はどう違うのですか？

A

体脂肪は、カラダに存在する脂肪の合計で、体脂肪率と表現するときは、体重に占める脂肪の割合を表します。

体重60kgで体脂肪率25％なら、60kg×0・25＝15kgの脂肪がついていることになります。

内臓脂肪は小腸のまわりに貯まったもので、運動すれば落ちやすく、過食すれば増えやすい性質があります。

皮下脂肪は文字どおり皮膚の下側についている脂肪で、太ももの内側や二の腕でタップンタップンしている、あれです。

ダイエットをすると内臓脂肪は比較的速やかに減ってウエストも細くなりますが、皮下脂肪を落とすには、食事制限や運動を根気強く続ける必要があります。

Q4 両親、弟も肥っています。遺伝だから痩せられないのでしょうか？

A
肥りやすい体質は遺伝することもあります。しかし、生活習慣が圧倒的に重要です。
家族で肥っている場合、食事内容やライフスタイルが痩せにくいものになってしまっているケースがほとんど。
本当にダイエットしたいなら、出された食事を残し、間食につきあわず、食後に一人だけ散歩に出てください。あなたがダイエットに成功すれば、ご家族の意識も変わるかもしれません。

Q5 肥りやすい体質の人は、水を飲んだだけでも肥りますか？

A

水はカラダにとって不可欠ですが、カロリーはゼロですから肥りません。肥りやすい体質に関して一例を挙げれば、日本人の34％は、βアドレナリン受容体遺伝子に変異があります。

この変異を持つ人は、基礎代謝が２００kcal／日ほど低くなり、痩せにくくなります。ただ、２００kcalは、おにぎり1個か、茶碗軽く1杯のご飯（白米）程度のカロリーで、食事に少し気をつければカバーできる範囲です。

Q6 糖尿病で薬を服用中です。食事のカロリーを1日あたり20kcal×標準体重にしているつもりですが、体重は減りません。どこが悪いのでしょう？

A

糖尿病の薬には、①肥りやすくなるもの、②体重に影響しないか、痩せやすくなるものの2種類があります。

①の薬を服用していれば、ダイエットに励んでも、体重減少は厳しいかもしれません。インスリン分泌が低下していれば、①のタイプの薬の服用は仕方ないのですが、主治医の先生とよく相談してください。

Q7

置き換えダイエットをして5kg痩せましたが、やめて普通の食事に戻したら、すぐにリバウンドしてしまいました。なぜですか？

A

置き換えダイエットに用いるオベキュア、マイクロダイエットなど、いわゆるフォーミュラ食は、低カロリー高タンパクです（1食あたり約170kcal）。

和風の焼き魚や煮魚の定食でも最低700kcal、ファミリーレストランの洋食系メニューなら1食1000kcalオーバーも珍しくありません。

1日500kcal以上、余計に入ってくれれば、カラダは大喜びで脂肪として備蓄してしまいます。

置き換えダイエット終了後も、摂取カロリーが増えすぎないよう注意しましょう。

Q8 運動がよいのはわかりますが、今まで何もやったことがありません。まずどうすればよいですか？

A

家で簡単にできる筋トレをおすすめします。たとえば腕立て伏せ。普通のやり方では、運動経験がない女性は一度もできないでしょう。

でも、つま先を立てずに伸ばして、ヘソから下をペタッとつければ、10回くらいは可能なはずです。

これを10回×3セット、週に2〜3日やって、楽にできるようになったら、今度は膝を立てて挑戦です。

このように繰り返していけば、早い人なら3か月程度で、つま先立ちの腕立て伏せができるようになります。筋トレを真剣に始めたい方には、第1章で触れた坂詰真二氏の『週2回で体が変わる鍛え方』(青春出版社)をおすすめします。

Q9

トマトから抽出したサプリメントを試しています。便通は多少よくなったものの全然痩せません。私には合っていないのでしょうか?

A

トマトはビタミンやリコピンなどに富んだ食材ですが、脂肪を燃焼させるような成分を充分含有しているかどうかは証明されていません。

なお、野菜のなかでは糖質を多めに含みますので、フルーツトマトなどは食べすぎに注意しましょう。

Q10

近くの内科医院で、おじいちゃんの先生に体重を減らしたいと相談したら、チラーヂンSという薬をくれました。飲んでみたら、体重は2週間で4kg減りましたが、胸がドキドキして夜眠れません。このまま続けて大丈夫でしょうか？

A

その薬は甲状腺ホルモン剤で、かつて痩せ薬として投与され、多数の健康被害が出ました。ただちに服用を中止してください。

動悸や不眠が持続する場合は、大きな病院の「内分泌内科」などを受診してください。

Q11

内臓脂肪をつきにくくする、トクホのコーラやお茶を毎日飲んでいます。便通はよくなった気がしますが、1本200円近くするのにまったく体重は減りません。私には合わないのでしょうか？

A

特定保健用食品（トクホ）は、医学的にコレステロールを下げたり体重を減らしたりするエビデンスがある商品ではないのです。「脂肪がつきにくくなる可能性がある」という程度に認識してください。

もし本当に肥満や糖尿病、高コレステロール血症を改善させるなら、当然副作用に対する注意が必要だし、そんな効能があれば、誰も200円や300円で売りません。「薬九層倍」と昔からいいますが、薬剤として承認を取り、1000円、2000円で売るでしょう。

トクホには過剰な期待をせずに、味が好きならカロリーを気にせずに楽しむことができる、というくらいの気持ちで接しましょう。

機能性表示食品も同様で、これらはあくまで「食品」です。口から入れて体重が減れば、それは「毒」または「薬」なのです。

Q12 消費者庁のホームページには「科学的な有効性、安全性が示され、健康の増進に役立つと期待できる食品」が、トクホの条件とあります。医学的なエビデンスと、どう違うのでしょうか?

A 一つの病気を持つ人を集め、ある薬を投与した群としなかった群に分けて観察し、その薬が効いたかどうかを分析した結果が、医学的なエビデンスです。

トクホの場合、「ある成分を食事とともに摂取すると、血糖値の上昇がゆるやかになることがわかっているので、健康の増進に役立つのでは」というレベルです。

食品ですから、それでも立派なものですが、糖尿病という病気を治したり、検査結果をよくしたりするものではありません。

トクホ、機能性表示食品のテレビコマーシャルや雑誌広告では、片隅にごくごく小さな字で、このような文言が並びます。

「多量摂取により疾病が治癒したり、より健康が増進するものではありません」

「本品は、疾病の診断、治療、予防を目的としたものではありません」

「食生活は、主食、主菜、副菜を基本に、食事のバランスを」

私は「アリバイ・テロップ」と呼んでいますが、それがすべてを物語っているると思いませんか。

Q13 ダイエットするのに適した季節、難しい季節はありますか?

A

大変よいご質問です。ダイエットに適した季節は、ずばり夏、5月から9月です。気温が高くなって基礎代謝量も増え、体温保持のための皮下脂肪の重要性は下がります。5月から9月頃までは体重が減りやすいのです。

裏を返せば、11月以降3月頃まで体重は落ちにくくなります。哺乳類は、寒い季節は冬眠するなどして著しく代謝カロリーを減らし、貯め込んだ皮下脂肪で体温を維持して冬を越すようにプログラミングされているので、なかなか脂肪は落ちてくれません。

現代においては、クリスマス、年越し、お正月、バレンタインデー、ホワイトデーと、この季節に飲食を伴うイベントが目白押し。これは寒い時期に栄養を摂って貯め込みたい哺乳類の本能によるものと思われます（お菓子業界や広告代理店の思惑もあるでしょうが）。

ある女性は当院で、4年かけて32kgの減量に成功しました。

私の指示で、毎年4月から10月の半年は比較的厳しく食事制限をし、ウォーキングも頑張って、8〜10kg落とし（初期は食欲抑制剤なども併用）、冬の間は、増えても2kg程度のリバウンドに抑えていたのです。

カラダの特性を利用し、無理なくダイエットできたよい例です。

私自身、夏バテはしないたちですが、毎年お盆の頃は体重60kg、体脂肪14%前後。バレンタインデー付近だと63kg、17%程度に上がっており、せっかくいただいたわずかな義理チョコも、妻子に献上しています。

Q14

いろいろな本や記事を読むと、走ったりする有酸素運動で脂肪を燃やすと痩せるという意見と、筋トレで筋肉をつけるのがダイエットの近道という意見の両方があります。どちらが正しいですか？　またはどちらが、より重要ですか？

A

どちらも同じように大事です。

極端に表現すれば、有酸素運動ばかりやっているのがマラソン選手で、無酸素運動（筋肉肥大トレーニング）に一直線なのが、ボディビルダーです。

マラソン選手にとって走るため以外の筋肉は邪魔物だし、体脂肪率が5％未満の、一流のボディビルダーなら、有酸素運動は筋肉を落とすことになってしまいます。

しかし、どちらでもない一般人は、両方を組み合わせ、ある程度筋肉をつけながら、有酸素運動で体脂肪を落としていくのが理想のダイエットです。

また、いったん有酸素運動をやったあとは、カラダが消費モードになってしまうので、筋肉肥大しにくくなります。1日に両方行うときは、筋トレ→有酸素の順にしてください。

Q15 生活も食事も変わらないのに、ここ1年で体重が12kg増え、健康診断で高血圧と言われました。生理が止まって顔がまん丸になり、この年（42歳）でニキビができ、とくに背中やお腹に肉がつきました。ダイエット外来で痩せられますか？

A

肥満症には、運動不足や食べすぎからくる単純肥満症と、ホルモンなどの病気に伴う二次性肥満症があります。あなたの症状は、二次性肥満症のうち、副腎皮質ホルモン異常の可能性がありますので、内分泌科などを受診してください。

そのほかにも、甲状腺、副甲状腺、脾臓などのホルモン異常や、遺伝性、薬剤性、中枢性などの二次性肥満症があり、これらは食事制限や運動では痩せることができません。肥満以外に気になる症状がある方は、内科外来、内分泌外来などを受診してみましょう。

Q16

去年からジムに通いだし、筋肉を大きくすることに目覚めました。ジムの先輩にすすめられ、近くの医院で筋肉増強のステロイド注射を自費診療で打ってもらっているのですが、看護師をしている姉に話したら「ステロイドを打ったら肥るからやめな」と言われました。続けないほうがよいでしょうか?

A

その注射は、アナボリック・ステロイドと呼ばれる、男性ホルモンの男性化作用を弱め、タンパク同化（筋肉肥大）作用を強くした薬です。消耗状態や特殊な貧血の患者さんに投与されますが、高血圧など副作用もあるので、健康な人はやめるべきです。

男性ホルモン、女性ホルモンもステロイドの仲間ですが、医療の現場で「ステロイド」といえば、普通は副腎皮質ステロイドのうち、糖質コルチコイドを指します。

これは自己免疫疾患、膠原病、喘息などに幅広く投与され、脂肪蓄積作用がありります。お姉様が言われたのはコレですね。

Q17 カプサイシンが痩せると聞いたので、毎食おかずに一味唐辛子を振りかけています。3か月続けていますが痩せません。量を増やしたほうがよいでしょうか？

A

カプサイシンは、感覚神経の受容体に結合して焼けるような辛みを発生させ、血管内に取り込まれると脳や副腎に働きかけてアドレナリンの分泌を促進します。このアドレナリンの作用が発汗や脂肪分解につながる、とする報告があります。また最近では、脂肪を分解して熱に変える褐色脂肪細胞が、カプサイシンの摂取によって増えるという説も発表されました。

しかし、信頼できる臨床研究のエビデンスはなく、大量に食べると口腔粘膜や胃粘膜に障害を起こしたという例もあり、摂取を増やすのはやめたほうが無難でしょう。

Q18

30歳の女性で、身長165㎝です。会社の健診で以前から高コレステロール血症と指摘されていましたが、3年前にLDLコレステロール（以下、LDL－c）が200を超えたため、産業医に呼び出されました。医者にはかかりたくないので、食事制限と水泳をやり、73・5kgから62kgまでダイエットに成功。なのに今年の健診でも、LDL－cは200を超えたままでした。もっと痩せないと、LDL－cは下がらないのでしょうか？

A

あなたは、遺伝的にコレステロールが下がりにくい「家族性高コレステロール血症」という病気の可能性があります。大きな病院の「内分泌・代謝内科」や「糖尿病・代謝内科」を受診してみてください。

重症の場合、30代、40代でも心筋梗塞になる可能性があるので、早めの受診をおすすめします。

また、肥満が関連する脂質異常症は、高TG血症（高中性脂肪血症）と低HDL血症なので、家族性高コレステロール血症でなくとも、LDL－cが落ちにくい場合もあります。

Q19

僕は毎晩、飲酒をするのですが、アルコールはダイエットに悪いのでしょうか？「日本酒やビールは糖を含むのでダメ」とか「アルコールはエンプティー・カロリーだから脂肪にならないので好きに飲んでよい」とか、いろんな説を見かけます。アルコールを摂ることで体重が減りにくくなるなら、週に3日くらいは禁酒日を設けるつもりです。

A

残念ながら、はっきりとした答えはありません。

肥満者で、普段からアルコールをたしなむ酒飲みを対象とした臨床試験は行われていないからです。

もし試みたとしても、割り付けは、①今までどおり毎晩飲酒、②隔日で飲酒、③完全禁酒の3群になるでしょうから、少なくとも1年間の観察が必要とすると、③完全禁酒に当たった酒飲みは、守れるわけがありません。

あなたの場合、まず1か月、隔日で飲酒してみて、体重の減りがよければ、継続してみるのはいかがでしょう。

Q20

個別指導のジムで、トレーニングと食事の指導を受け、2か月で12kg痩せました。週2回のトレーニング指導で（食事は毎日写メを送り指示を受けます）、1か月30万円以上かかるので、貯金がなくなり、やめたら2週間で5kgリバウンドしてしまいました。どうすればキープできますか？

A

これは、ジムに通っていた頃と同じように運動し、食事制限するしかないですが、難しいかもしれません。トレーナーもプロですから、最大限脂肪を燃やし、筋肉は少しずつでも増やすように指導していたのでしょう。

通常のダイエットでは、身長にもよりますが、1か月で3～4kg痩せられればよいペースです。低カロリー食ダイエットと、ウォーキングや家でできる筋トレを実践し、リバウンドを最低限に抑えましょう。

Q21 仕事の関係で、運動する時間は、土曜の午後と日曜しか取れません。それだけでも運動したほうがよいでしょうか?

A 普段、生活活動が普通にできていれば、休日にまとめて運動するだけでメタボリック症候群の予防になる、というエビデンスがあります。* また、同じ消費カロリーなら強度が高い運動のほうが内臓脂肪を減らすので（第4章の参考文献2）、なるべく強い運動を心がけましょう。

---

* Is the frequency of weekly moderate-to-vigorous physical activity associated with the metabolic syndrome in Canadian adults? PMID: 23980736

Q22

自動車関係の会社に勤めています。アメリカの支社に赴任が決まり、来年から夫婦で数年間滞在することになりました。私は170㎝で72㎏、妻は158㎝で62㎏と2人とも小肥りで、アメリカには抗肥満薬がたくさんあると聞いているので、ぜひすっきり痩せて帰ってきたいと思います。おすすめの抗肥満薬を教えてください。

A

あなたはBMIが24・9で正常範囲内、奥様もBMIが24・8で肥満ではないので、米国で医者にかかっても抗肥満薬の処方箋はもらえません。

米国では、第3章で紹介したリパーゼ阻害薬ゼニカルの低用量タイプが、薬局で処方箋なしで買えますので、これをおすすめします。

また彼の地では、食事の一人前量がともかく多いので、外食するときは常に2分の1から3分の2を残すようにしてはいかがでしょう。

Q23

姉が結婚したアメリカ人がベジタリアンで、なかでも厳格なビーガンなのですが、「ベジタリアンになれば肥満の心配など吹き飛ぶぞ。君も仲間にならないか」と言ってきます。どうでしょうか？

A

ベジタリアニズム（菜食主義）は一種の宗教なので、信じる人はやられればよいと思います。ビーガンとは完全菜食主義者で、植物しか食べない主義のようなので、栄養学的には卵や乳製品など、動物性タンパク質を摂れる種類のベジタリアンが、よいと思います。

第6章

宮田医院のダイエット外来

ダイエット外来を開設

平成18年、まだ私が大学病院に勤めていた頃、宮田医院の週2日の外来で、糖尿病や高コレステロール血症の患者さん相手に、食事指導を始めました。

それまでは父が「食べすぎてはダメだよ」「なるべく体重を減らしてね」と、ざっくりすぎる注意をしていたくらいだったので、実際のカロリーや、タンパク質・脂質・糖質バランスを数字で示すやり方は、「わかりやすい」と、ちょっとした評判になりました。

また、実家の医院だけあって、周囲に知り合いも多く、「若先生（私のこと）は、いつの間にか痩せてスマートになった」と言われていたようで、「どうやって、そんなに痩せたの？」「ダイエットは辛かった？」など、いろいろと相談や質問を受けることもありました。

表7

入力項目	
身長	
ウエスト	
年齢	
性別	
風袋量（洋服の重さ）	
測定項目	
● 体格	
体重	
標準体重	
標準との差	
BMI	
● 脂肪	
体脂肪率	
右腕の脂肪率	
左腕の脂肪率	
右脚の脂肪率	
左脚の脂肪率	
● 筋肉	
筋肉量	
右腕の筋肉量	
左腕の筋肉量	
右脚の筋肉量	
左脚の筋肉量	
筋肉率	
右腕の筋肉量率	
左腕の筋肉量率	
右脚の筋肉量率	
左脚の筋肉量率	
● 代謝・骨・水分	
基礎代謝量	
基準値	
推定骨量	
水分量	

しばらくは、内科診療のついでに食事指導をしていましたが、宮田医院を継いだ直後の平成21年5月、ホームページ開設に合わせ、「ダイエット外来」として独立させました。

　わざわざ普通の外来から切り離したのは、自費診療（健康保険適応外）が必要だと思ったから。たとえば、ダイエット外来を受診すると、最初に体組成を測定します。

これは、体重計のような台に裸足で乗って、両手に電極を持つと、アッという間に体脂肪率などがわかるものです。

保険診療ではありませんが、体脂肪率や筋肉量、基礎代謝量の把握は、適正なダイエットに必須です（表7）。

また、高度肥満症に適応があるマジンドールは、ＢＭＩが35を少しでも切ると、保険適応もなくなります。自費診療とすることで、柔軟に対応できるようになりました。

ダイエット外来の診療内容

1．食事コンサルタント

食事の内容を確認し、問題があれば是正するよう指導します。

朝食を抜いている人が思ったより多かったので、置き換えダイエットを起床直後にやってみるよう提案することも少なくありません。

また、仕事上の外食が多い方には、食事由来のコレステロールの吸収を抑えるため、後述するコレバイン・ミニやゼチーアをすすめます。

2. 運動・生活コンサルタント

何か運動をしているか、初診時に必ず聴取します。

なかには「週3回ジムでしっかり汗を流し、土曜、日曜はクタクタになるまでマラソンや遠泳です」という方も見えますが、ほとんどは「できていません」「立ち仕事なので足は使っています」という程度。

簡単な筋トレを指導したり、ウォーキングをすすめたり、電車通勤ならひと駅前で降りて歩くよう提案することもあります。

また、第4章で紹介した行動療法も併せて行い、食生活に問題がありそうなら是正していきます。

3. マジンドール（中枢性食欲抑制剤）

この薬は、ＢＭＩが35以上なら保険適応があるので、その場合は通常の内科診療として処方します。

米国の適応にならい、ＢＭＩが30以上か、27以上で肥満関連疾患（表8）が1つ以上ある場合は、ダイエット外来（自費診療）で投与。

第3章で触れたとおり、緑内障や腎疾患、肝疾患、重症高血圧などがあれば服用できませんし、うつ病や統合失調症の治療中も服薬不可です。マジンドール初回投与時は、必ず書面・口頭で副作用（うつ状態、肺高血圧、依存症、不眠、口渇など）を説明し、同じく書面・口頭で同意を得ています。未成年（16歳以上20歳未満）は、保護者の同意が必須です。

12週間投与で必ず中止しますが、その後も服薬の希望があり、肥満症が持続している場合は、充分な間隔を空け、依存症状がないか確認したうえで、問題ないと判断すれば、再開することもあります。

最も多い副作用は口渇で、頻度は約4割。効果がある人ほど口渇も強くなる傾向が

表8　肥満関連疾患

耐糖能障害（2型糖尿病、耐糖能異常）
脂質異常症（高トリグリセライド血症、低HDL血症）
高血圧
高尿酸血症
心筋梗塞・狭心症
脳梗塞
非アルコール性脂肪性肝疾患
月経異常症
睡眠時無呼吸症候群
肥満関連運動器疾患
肥満関連腎臓病

あります。

典型的なうつ症状を訴えた患者さんはいませんが、「カラダがひどくだるい」という全身倦怠感を訴えた患者さんが2人いました（ただちに服用中止を指示しました）。

服用した人の6割以上が、12週間で10％以上の減量に成功するなど、高い有効性が見られています。

4. コレバイン・ミニ

高コレステロール血症に保険適応がある薬で、昼・夕食前の1日2回、200mℓの冷たい水分で服薬するのが一般的です。

脂肪酸を小腸で吸着し、排泄させるため、リパーゼ阻害薬と同様の機序（脂肪の吸収阻害）が期待できますが、実際には効果は劣るようです。また、脂肪酸を固めるため、副作用は下痢ではなく便秘です。

これだけで体重がみるみる減っていく、というわけではありませんが、「あれだけ焼き肉を食べても肥らなかった」「接待の外食前に飲んでおくと、体重が増えない」と、人気がある薬です。

5. ゼチーア

これも高コレステロール血症の保険適応がある薬です。

朝1回の服用で、小腸の粘膜上皮に働いて、コレステロールの吸収を阻害します。

LDLコレステロールの値はしっかり下げますが、体重減少作用は、コレバイン・ミニよりやや弱い感じ。コレバイン・ミニで便秘の副作用が強い方や、昼夕の服薬が難しい場合に、おすすめしています。

6. エルカルチン錠（脂肪代謝改善剤）

第3章でも紹介した、アミノ酸由来のカルニチン製剤で、呼吸（脂肪代謝）に関わる酵素の役割を果たします。

カルニチンは、先天性カルニチントランスポーター異常症、先天性ミトコンドリア異常症、肝硬変などで、病的な欠乏または活性低下をきたします。

また、肉嫌いで牛乳や卵しか動物性タンパク質を摂らない人やベジタリアンでも、血中カルニチン濃度の低下が見られることがあります。

カルニチンが欠乏すると、細胞内での脂質代謝が落ち、痩せにくい体質になっている可能性も。

血中カルニチン濃度を測定して、正常の80％以下の場合、服用をおすすめしますが、濃度測定は高価なため、「試しに2週間服用したい」というような要望にも応えています。

ちなみに、患者さんのなかには「もうカルニチンのサプリを服用しています」とおっしゃる方もいますが、エルカルチン錠は医学的に高いエビデンスがあるため、カルニチン製剤で唯一、先天性ミトコンドリア異常症の治療に保険適応となっています。

7．防風通聖散

第3章でも触れている漢方薬で、動悸、むくみ、肩こりに効能があり、また、腹部に脂肪が多い便秘症にも効果があるとされています。

普段から便秘がある人や高血圧の方は保険適応がありますので、保険証をご持参ください。

体重減少作用はそれほど強くないので、食欲抑制剤や置き換えダイエットなどの補助的な薬として服用してはいかがでしょう。

8．コリンエステラーゼ阻害薬（末梢性食欲抑制剤）

アルツハイマー型認知症（ＡＤ）の進行を抑える薬で、保険適応があります。この薬は消化管の動きを抑えるため、ＡＤ患者に投与する場合、最も注意しなければならない副作用は、食欲不振、嘔吐、体重減少です。その副作用を逆手にとってダイエットする、というわけです。

マジンドールに比べれば効果は低いため、なんらかの理由でマジンドールが服用できない方にすすめています。1日1回で、経口服用タイプと、皮膚に貼るタイプがあります。

ある56歳の女性は、うつ状態で心療内科を受診しており、抗うつ薬の副作用か6kg肥ったため、当院のダイエット外来を受診しました。

マジンドールは適応外なので、コリンエステラーゼ阻害薬の貼り薬を開始。1か月ほどすると、初診時は沈みがちだったのに「先生、体重は少ししか減らなかったけど、物忘れがよくなったのよ」と元気よく報告してくれました。

8か月で増えた6kgは元に戻り、心療内科での抗うつ剤も状態がよくなり中止に。人によっては、アルツハイマー型認知症はうつとよく似た症状を呈する場合もあるので、それを疑い、現在も貼り薬を続けています。

9. グーフィス（脂肪酸再吸収抑制剤）

保険適応がある慢性便秘の薬です。

内因性の脂肪酸（小腸で消化液として放出される）は、大腸で再吸収されますが、その再吸収をブロックすると便がアブラっぽくなり、軟らかくなって、便秘の解消に役立ちます。

実際にこの薬を連続して服用するとコレステロール値が下がるというエビデンスもあり、*体重減少作用は弱いかもしれませんが、「チリも積もれば」で、便秘がある方にすすめています。

＊胆汁酸再吸収阻害剤の治療への応用。肝胆膵：2018：89-97.

10. オベキュア

第2章で紹介したフォーミュラ食3種類のうち、なぜ当院ではオベキュアを選んだかというと、比較的安価なのと、医療機関で取り扱いができるからです。

バナナ、ストロベリー、ココア、カフェオレ、コーンスープ、ヨーグルトの6種類の味がありますので、飽きが来ないのも魅力です（私はコーヒーはそれほど好まないのですが、オベキュアのなかではカフェオレとココアがおいしいと思います）。詳しくは第2章をご参照ください。

11. エレンタール

元々、潰瘍性大腸炎やクローン病という腸の難病に保険適応がある、水で溶かして飲むタイプの栄養剤で、当院でも20年以上投与しています。

フォーミュラ食との違いは、含まれている窒素化合物が、タンパク質ではなくアミノ酸であること。

タンパク質は、アミノ酸がつながったペプチドという物質が、さらに三次元的に化合してできていますから、アミノ酸はタンパク質の原材料といえます。

では、人体にとってどう違うか。小腸で吸収されるまでに、タンパク質は何段階かの消化が必要です。アミノ酸はそのまま吸収されるので、腸管に負担がかかりません(腸の病気に投与されるゆえんです)。

また、第1章で触れましたが、私のように乳タンパクにアレルギーがあっても、アミノ酸レベルだと、症状は出ないのです。

表9を見ていただけばわかるように、タンパク質換算では量的に劣りますが、エレンタールの場合、吸収率はほぼ100%です(消化能力は人によって差があるため、

表9

	熱量(kcal)	タンパク質(g)	糖質(g)	脂質(g)
オベキュア(1食)	172	22	17.2	1.6
エレンタール(1食)	300	13.2(換算)	63.3	0.51

フォーミュラ食やプロテインサプリの吸収率は、かなり幅があると考えられています)。

エレンタールを、腸の病気以外で初めて投与したのは、あるプロアスリートの方でした。食が細く胃腸も強くないので、なかなか筋肉がつかずカラダが大きくならないが、なにかよい方法はないかと、友人を介して偶然相談されたのです。

食事はそのままで、練習の合間や就寝前に、1日2～3袋、エレンタールの摂取をすすめたところ、半年ほどで「足腰がしっかりしてきた」、2年経った頃には「コーチからよい筋肉がついてきたと褒められた」とお礼を言われました。

欠点は、まずいこと。工業製品のような風味なので、専用のフレーバー(オレンジ、パイナップルなど8種類)を混ぜて服用します。また、1食300kcalあるので、ダイエットに用いる場合、体重減少はオベキュアに比べてゆっくりです。

12. ESポリタミン顆粒

これもアミノ酸製剤ですが、水で溶かすタイプではなく、そのまま服用します。承認されている医薬品で、筋肉量低下や低タンパク血症が見られる高齢者に保険適応があります。

ダイエット外来では、アスリートや筋肉をつけたい人が、低カロリーダイエットや置き換えをするときに、補助的に投与しています。

ダイエット外来の診療実績

表10に示したとおり、どのBMIカテゴリーの患者さんも、4分の3以上の割合で、5％の減量が達成できています（期間はまちまち）。

なぜ30以上35未満の5％減量率が低いのかわかりませんが、全体で見ると患者さんの81％が5％減量を達成できました。

表10

・全患者数　1219名（平成21年6月1日～平成30年12月28日の間に初診）

BMIカテゴリー	35以上	30以上35未満	25以上30未満	合計
患者数	308	442	469	1219
5％減量達成	256（83.1％）	339（76.7％）	392（83.6％）	987（81.0％）
10％減量達成	192（62.3％）	124（28.1％）	96（20.5％）	412（33.8％）

10％減量達成率は、元の体重が重いほど高くなっています。

これは、「ＢＭＩが25までは比較的簡単に痩せられるが、そこからは減りにくくなる」という事実を表しています。

言い換えれば、「肥った人が普通になるのは簡単だが、普通の人が痩せた人になるのは難しい」ということでしょう。

来院する人々はさまざま

診療実績の表10は、ＢＭＩカテゴリー25未満が省かれています。建前上、ＢＭＩは18・5～25未満までが普通体重なので、痩せる必要がないからです。

ただ、普通体重なのにダイエット外来を受診される人がいないかというと、皆さんのご想像どおり、いらっしゃいます。ほとんどが女性で、全員が50歳未満です。

肥満治療のガイドラインや、抗肥満薬の禁忌（してはいけないこと）の欄には「痩身願望がある、標準体重または痩身の人には、投与してはいけない」と記されています。

ダイエット外来を受診してマジンドールの処方を要求し、

「高校生の頃はぁ、48kgだったからぁ、あとぉ、4kg痩せたいんですぅ」

と言う「痩身願望」の人には、

「抗肥満薬は、いろいろな副作用が起こり得るし、効果も強いので、肥満症という病気の患者さんにしか処方できません。便秘があるなら、防風通聖散という漢方薬を試してみませんか」

と答えます。

不満を口にしたり、「じゃあ、いいですぅ」と帰ってしまう方もいますが、仕方ありません。

問題は、仕事の性質上、どうしても痩せていなければならない人々です。

私の感覚では、ＢＭＩが25未満でダイエット外来を受診される人の２割が「痩身願望」で、７割が「仕事上痩せていなければならない」人々（残り１割は、自分の結婚式がある、ダンスの大会に出る、娘の入学式に痩せた姿で写真に残りたい、などイベント照準タイプ）。

先ほど、ほとんどが女性、と書きましたが、珍しい男性２人組は20代でホストをされていました。お二人によると、女性客の人気は、痩せていてハンサムなホストに集まり、肥ったりすれば、収入減少に直結するそうです。


女性はさまざまな職業の方が受診されます。

航空会社関係、秘書、フリーアナウンサー、モデル、イベントコンパニオン、飲食業（ホステス、キャバクラ嬢）、風俗嬢、なかには子役あがりで女優修業中の方も（職業は任意の自己申告による）。

女性ばかり体重制限を求められるのは、やはり職業上性差別では、と憤りを覚えますが、それは本書の主題ではありません。

ポッチャリしたキャバクラ嬢は、パパに「あと5kg痩せるまで会わない」と言われたそうです。

「別に会わなければよいのでは?」と言ったら「お小遣いが生活費の一部なので、やっていけません」と。これは深刻です。

イベントコンパニオンは、仕事によっては「ウエスト57cm以下」といったような条件が付くものもあるそうですし、モデルは、もっとはっきり「171cmだよね、48kg以下になったら仕事あるから連絡してよ」と告げられたとか。

仕事上痩せていなければならない人々には、事情を聴いたうえで、なるべく対応するようにしています。

彼女たちも生活がかかっているし、ダイエットのモチベーションも高いので、食欲抑制剤を必要とする方は少ないですが、なかには「こちらの病院でもらえなければ、高いけど美容整形でマジンドールを買うか、個人輸入で外国の薬を手に入れます」とまで言われると、やはりなんとかしてあげなければ、となります。

副作用の少ない抗肥満薬、たとえば第3章で紹介したゼニカルやロルカセリンなどの、日本での承認が待たれます。

ダイエット外来の未来

ＢＭＩが35以上の高度肥満症患者さんで、保険診療でマジンドールや防風通聖散を用いても、５％減量を達成できなかった17％ほどの方たちは、全員が一つ以上の肥満関連疾患を患っていました。

多い場合は、高血圧症、糖尿病など5種類の病気で服薬している方もおり、医療費も高額になってしまい、経済的に余裕がなくなっているようでした。自費診療で、置き換えダイエットやコリンエステラーゼ阻害薬をすすめても、経済的に負担できないと断られたことは一度や二度ではありません。

日本人は欧米人に比べて、低いＢＭＩでも肥満関連疾患を併発しやすいので、*ＢＭＩが25を超えた段階から、自分で気をつけて、意識して減量に励むよう、国民的な教育が必要だと感じます（第1章をお読みいただいた方には「おまえが言うな」と怒られそうですが）。

＊Body mass indexに基づく肥満の程度と糖尿病、高血圧、高脂血症の危険因子との関連―多施設共同研究による疫学的検討．肥満研究。2000:6:4-17.

そしてやはり、欧米で認められている抗肥満薬が、日本でも承認され、投与可能になる日を待ち遠しく思います。

第3章で紹介したように、grade Aのものが数種類あるので、日本でも海外データをエビデンスとして承認し、施設を限定して投与すれば、「痩身願望」の乱用も防げて、肥満患者さんを減らせるのではないでしょうか。

また、私は消化器内視鏡専門医でもあるので、第4章で触れた内視鏡的肥満治療に

も興味があります。風船の胃内留置など、手技的には比較的容易で、条件が揃えば、
当院での施行も前向きに考えていきたいと思っています。

おわりに

本書では、世界的に権威が高いと認められている欧米の論文を主に紹介しました。それらを実際に読んでみると、冒頭では、肥満治療の意義が、必ず述べられています。

「肥満を改善し、関連疾患を治癒して生活の質を向上させる」

そして、もれなくこういう文言に続きます。

「肥満関連疾患の減少は、医療費の削減に大きく貢献する」

我が国でも、今後のますますの少子高齢化に向けて、持続可能な医療体制を維持するため、医療費の削減が必須です。厚生労働省も肥満関連疾患（メタボリック症候群）を減らすことが、最も効果的と判断したようで、公的健康診断は「メタボ検診」と呼ばれるようになりました。はやりの言葉を使えば、「肥っていることは、コスパが悪い」というわけです。

痩せすぎは問題ですが、ＢＭＩが18・5〜22に入っていれば、「スタイルいいね」と褒められ、洋服を選ぶ楽しみも増え、医療費は少なくてすみます。

米国の社会的な研究では、痩せていれば、出世しやすい、配偶者が見つかりやすい、生涯賃金が高い、という報告まであり、肥っていてよいことは一つもありません。

本書の第1章では触れませんでしたが、私は40代半ばまで喫煙者でした。タバコを吸っているうえに、いくつも肥満関連疾患があったのですから、本当によく倒れなかったものです。

それにしても禁煙した直後の、食欲増進のすさまじさといったらとんでもないものでした。そのつらさから何度も父のハイライト（タバコの銘柄）に手が伸びそうになり、深夜にカップラーメンを食べかけました。そこで踏みとどまれたのは、やはりタバコも肥満も健康によくないと、しっかり理解できていたからだと思います。

実践的なダイエットガイドとして、本書をまとめました。ただ、単なるダイエット法の羅列ではなく、なぜ体重を落とすべきなのか、痩せると何がよいのかをご理解いただけるように工夫したつもりです。

「俺は肥っていても元気だ」という口癖の方もいらっしゃいますが、世界中の研究者が、これだけのエビデンスを出しているのを見れば、考えを変えていただけるはずです。

本書が、お読みいただいた皆様の、ダイエット成功にはもちろん、健康的な生活を送る一助になれば、大変うれしく思います。

令和元年9月

医学博士　宮田充樹

グラフ化体重日記(記入見本)

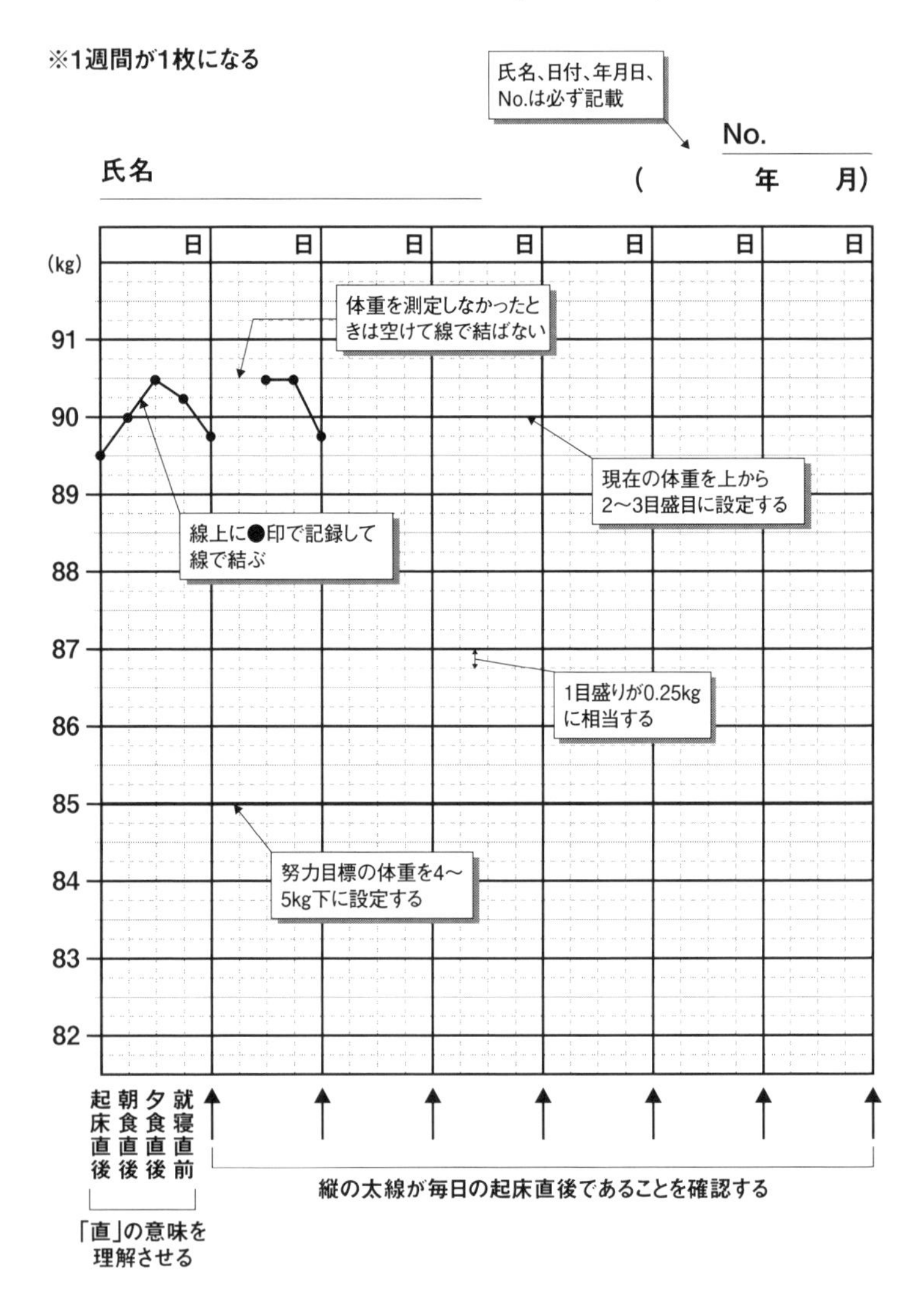

出典:『肥満症治療マニュアル』(坂田利家・医歯薬出版)

グラフ化体重日記

No.

氏名

（　　　年　　月）

(kg)

日	日	日	日	日	日	日

起床直後　朝食直後　夕食直後　就寝前　起床直後　朝食直後　夕食直後　就寝前　起床直後　朝食直後　夕食直後　就寝前　起床直後　朝食直後　夕食直後　就寝前　起床直後　朝食直後　夕食直後　就寝前　起床直後　朝食直後　夕食直後　就寝前　起床直後　朝食直後　夕食直後　就寝前　起床直後

※コピーをしてお使いください

参考文献

・『肥満研究』 日本肥満学会誌
・『肥満症診療ガイドライン2016』 日本肥満学会／ライフサイエンス出版
・『肥満症の総合的治療ガイド』 日本肥満症治療学会治療ガイドライン委員会／日本肥満症治療学会
・『やせて背がのびる―母と子のカロリーブック』 中村鉱一／KKベストセラーズ
・『図解版やってはいけない筋トレ 週2回で体が変わる鍛え方』 坂詰真二／青春出版社
・『プリズナートレーニング 圧倒的な強さを手に入れる究極の自重筋トレ』 ポール・ウェイド／CCCメディアハウス
・『ナチュラルメディシン・データベース』 日本医師会・日本薬剤師会・日本歯科医師会総監修／一般社団法人日本健康食品・サプリメント情報センター
・『Tarzan』 マガジンハウス

医学的に正しいダイエット

2019年11月8日　初版第1刷

著　者…………………………宮田充樹
発行者…………………………坂本桂一
発行所…………………………現代書林
〒162-0053　東京都新宿区原町3-61　桂ビル
TEL／代表　03(3205)8384
振替／00140-7-42905
http://www.gendaishorin.co.jp/
ブックデザイン……………吉崎広明（ベルソグラフィック）
編集協力………………………有限会社　桃青社

印刷・製本：(株) シナノパブリッシングプレス
乱丁・落丁本はお取り替えいたします

定価はカバーに
表示してあります

ISBN978-4-7745-1816-9　C0077